A REFORMA DE
FRANCISCO

Mario de França Miranda

A REFORMA DE
FRANCISCO

Fundamentos teológicos

Dados Internacionais de Catalogação na Publicação (CIP)
(Câmara Brasileira do Livro, SP, Brasil)

Miranda, Mario de França
  A reforma de Francisco : fundamentos teológicos / Mario de França Miranda. – São Paulo : Paulinas, 2017. – (Coleção Francisco)

  Bibliografia.
  ISBN: 978-85-356-4308-4

  1. Francisco, Papa, 1936- – Mensagens 2. História eclesiástica 3. Igreja Católica – Doutrinas 4. Igreja Católica – Reforma 5. Renovação da Igreja I. Título. II. Série.

17-04727   CDD-282

Índice para catálogo sistemático:

1. Reforma : Igreja Católica : Teologia 282

1ª edição – 2017
1ª reimpressão – 2018

Direção-geral: *Flávia Reginatto*
Conselho editorial: *Dr. Antonio Francisco Lelo*
  Dr. João Décio Passos
  Maria Goretti de Oliveira
  Dr. Matthias Grenzer
  Dra. Vera Ivanise Bombonatto
Editores responsáveis: *Vera Ivanise Bombonatto*
  João Décio Passos
Copidesque: *Ana Cecilia Mari*
Coordenação de revisão: *Marina Mendonça*
Revisão: *Sandra Sinzato*
Gerente de produção: *Felício Calegaro Neto*
Produção de arte: *Claudio Tito Braghini Junior*
Imagem da capa: *photovat.com*

Nenhuma parte desta obra poderá ser reproduzida ou transmitida por qualquer forma e/ou quaisquer meios (eletrônico ou mecânico, incluindo fotocópia e gravação) ou arquivada em qualquer sistema de banco de dados sem permissão escrita da Editora. Direitos reservados.

Paulinas
Rua Dona Inácia Uchoa, 62
04110-020 — São Paulo — SP (Brasil)
Tel.: (11) 2125-3500
http://www.paulinas.org.br
editora@paulinas.com.br
Telemarketing e SAC: 0800-7010081
© Pia Sociedade Filhas de São Paulo — São Paulo, 2017

SUMÁRIO

Prefácio 7
I. Conversão e reforma eclesial 11
II. O Espírito Santo e a configuração eclesial 28
III. A Alegria do Evangelho e sua incidência em nossa Igreja 54
IV. Reforma eclesial e mística da fé 74
V. *Laudato Si'*: uma abordagem teológica 92
VI. Instituição e indivíduo na reforma eclesial de Lutero e de Francisco 107
VII. Evangelizar humanizando? 138
VIII. A herança inaciana de Francisco 174
Conclusão 196

PREFÁCIO

Sempre me impressionou o frequente pedido do Papa Francisco para que rezássemos por ele. Sem dúvida, uma solicitação habitual naqueles que são investidos de alguma responsabilidade na Igreja, ou mesmo na sociedade. Mas, aos poucos, fui me convencendo que a frequência e a sinceridade dos repetidos pedidos por parte do Papa Francisco revelavam que ele enfrentava uma dura batalha pela reforma da Igreja. Combatiam-no não só opositores de dentro da instituição eclesial, mas também pessoas e entidades da atual sociedade que se sentiam ameaçadas por seus pronunciamentos em favor da paz, do diálogo, da justiça, da misericórdia, numa palavra, em favor da vida humana tão desvalorizada em nossos dias. Pensemos nos lucros exorbitantes conseguidos pela produção e exportação de armas que necessitam das guerras para serem vendidas, ou no comércio de pessoas humanas, talvez o negócio mais rendoso em nossos dias. O chamado à solidariedade e à ajuda em face dos mais fracos e marginalizados incomoda, sem dúvida, todos aqueles que sucumbiram ao domínio do individualismo, sejam eles indivíduos ou mesmo países.

Mas a resistência pode ser constatada também no interior da própria Igreja. Pois a reforma de Francisco desinstala muitos de sua mediocridade cinzenta, ameaça outros em sua ânsia de poder, desmascara a vaidade de alguns, perturba hábitos adquiridos, mentalidades estreitas, mentes inseguras, desorienta os que se contentavam com uma fé tradicional, mais cultural do que autêntica. E a razão é simples: trata-se de uma volta ao Evangelho que na sua simplicidade exige mais do que somente práticas e mentalidades recebidas do passado. E a Palavra de Deus não só nos ilumina e fortalece, mas também nos interpela, questiona, desinstala. E a própria fé é dom que Deus nos oferece, mas que deve ser acolhida consciente e livremente para estruturar realmente nossa vida. E a opção de fé numa sociedade pluralista e secularizada já não é tão simples como no passado.

Francisco, por sua vez, pede que sejamos abertos ao sopro do Espírito Santo, que não temamos os novos caminhos que ele nos indica, que saibamos escutá-lo e segui-lo sem reduzir nossa vida cristã a repetir práticas e obedecer a normas externas. Não nos deve admirar que as resistências provenham, sobretudo, dos que gozam de poder, seja pelos seus conhecimentos, seja pelos cargos que ocupam. Pois também Jesus Cristo experimentou a maior resistência à sua mensagem por parte dos sabidos fariseus e das políticas e espertas autoridades religiosas de seu tempo.

A reforma de Francisco não pode ser levada adiante por uma única pessoa. Ela diz respeito a todos nós, que somos cristãos, que somos Igreja, que estamos incumbidos por Deus de levar adiante o projeto de Jesus Cristo para a humanidade. Deus conta conosco! Para conseguir este objetivo, devemos nos familiarizar com as ideias-força desse papa, conhecer seus pronunciamentos, aprofundar suas intuições. Só assim poderemos comunicar toda essa riqueza aos outros, como colaboradores ativos neste momento tão importante da história da Igreja.

Desse modo, fica claro o objetivo destas páginas, a saber, apresentar e fundamentar alguns componentes da reforma empreendida por Francisco. Num primeiro capítulo aparece já a necessidade de uma *conversão* sincera ao Evangelho que nos liberte do apego a práticas do passado e nos leve a aceitar a novidade e a diversidade no interior da Igreja. Em seguida, será enfatizada a ação constante do *Espírito Santo* na comunidade, o qual lhe recordará a pessoa de Jesus

Cristo e sua luta pelo Reino de Deus, devendo, portanto, também sua configuração institucional corresponder a tal objetivo. No capítulo seguinte, será examinado o impacto da Exortação apostólica *A alegria do Evangelho* na Igreja do Brasil, demarcando assim suas metas pastorais futuras. O quarto capítulo aborda um ponto central na reforma do Papa Francisco, a saber, a fé vivida proporciona uma *experiência mística* com Deus, uma experiência deveras decisiva numa cultura secularizada, uma experiência que encontramos na religiosidade popular de nossa gente.

O capítulo quinto busca oferecer a fundamentação teológica da importante Encíclica *Laudato Si'*. Numa cultura dominada pelo individualismo e pelo consumismo desenfreado com irrecuperáveis consequências para os limitados recursos da natureza, o texto papal demonstra não só amplo conhecimento da questão, mas também como ela deve ser vista numa perspectiva cristã, que considera igualmente a repercussão desse descalabro nas populações mais pobres do planeta, introduzindo assim a noção de uma "ecologia integral". Em seguida, por ocasião do quinto centenário da reforma luterana, se examina de onde brota o empenho reformador de Lutero e de Francisco ao afirmarem a importância do *indivíduo cristão* diante da instituição, pleiteando mudanças na mentalidade e nas estruturas eclesiais. O capítulo sétimo busca refletir teologicamente sobre a importância do testemunho de fé numa época em que as linguagens tradicionais pouco dizem à sociedade. Tal testemunho de vida aponta para a *dimensão profundamente humana* da mensagem cristã que tem significativo impacto em nossos contemporâneos como comprova a repercussão deste atual pontificado. Finalmente se abordam as raízes da *espiritualidade de Santo Inácio de Loyola* no modo de proceder de Francisco, que não se contenta com princípios gerais, mas leva seriamente em consideração a pessoa concreta em seus condicionamentos e limitações, urgindo assim um necessário discernimento para um consequente juízo e decisão.

Como afirmamos no início: esta reforma não é só do Papa Francisco. Também nós somos Igreja, também cada um de nós deve contribuir para a mesma. Portanto, se estas páginas conseguirem que seus leitores se envolvam e se comprometam com essa reforma, já terão alcançado seu objetivo.

I. CONVERSÃO E REFORMA ECLESIAL

Uma reforma eclesial sempre questiona hábitos passados, compreensões tradicionais, formulações familiares. Sentimo-nos incomodados por ter que lidar com realidades, expressões e práticas novas. Experimentamos também certa insegurança diante do que nos é proposto, como se nossa fé estivesse ameaçada por esses novos desafios. Pois nos acostumamos a experimentar certa uniformidade na vida da Igreja e as mudanças sempre demandam esforços de adaptação. Por outro lado, reconhecemos que determinadas tradições vigentes na Igreja pouco correspondem à mensagem evangélica e que deveriam ser corrigidas ou eliminadas. Não nos deve, portanto, admirar que o Papa Francisco desperte alegria e entusiasmo por parte de muitos, mas igualmente provoque resistências por parte de outros.

O longo passado da Igreja nos ensina que as épocas de renovação ou reforma eclesial foram tempos agitados por atingirem mentalidades e comportamentos já profundamente assimilados pelas gerações anteriores. Em nossos dias esse fato é agravado por vivermos numa cultura marcada por transformações aceleradas, que acabam por gerar uma instabilidade permanente e uma busca por referências sólidas e confiáveis. Nesse contexto a Igreja aparece como uma instância que oferece orientação e sentido para enfrentar tal situação. Desse modo, mudanças na Igreja significam para alguns ver questionados seus pontos de apoio.

Não podemos negar por parte de alguns uma concepção estática da Igreja, avessa a qualquer transformação na mesma, demonstrando desse modo um desconhecimento patente da sua história, já que tais transformações sempre a acompanharam no curso dos séculos. Por parte de outros, a dificuldade com a renovação pode provir das vantagens e benesses que a Igreja do passado lhes proporcionava, já que não querem de modo algum perdê-las.

Toda a atual situação criada pela iniciativa do Papa Francisco pede uma reflexão mais profunda que ofereça critérios para um juízo sadio da mesma, que desmascare igualmente concepções e estilos de vida que nada têm de cristãos, que aponte em que pontos todos nós devemos experimentar uma autêntica *conversão*. Só assim poderemos dar nossa contribuição, já que todos nós somos Igreja, à necessária reforma eclesial, já iniciada no Concílio Vaticano II, e corajosamente assumida pelo atual pontífice.

1. O projeto do Papa Francisco

Naturalmente não pretendemos resumir em algumas linhas o projeto do Papa Francisco para a reforma da Igreja, mas apenas indicar alguns pontos do mesmo que podem explicar certas resistências por parte de alguns, certos temores por parte de outros, embora seu programa (EG 25) venha recebendo uma acolhida positiva entre grande parte do Povo de Deus. Constante nos pronunciamentos desse papa é a exigência de conversão por parte dos membros da Igreja, que aparece assim como *condição necessária* para uma pretendida reforma eclesial. Sejam as resistências, sejam os apelos à conversão, nos indicam a urgência de abandonarmos hábitos e mentalidades ainda em vigor e abraçarmos com mais generosidade o que nos pede o Evangelho. Os pontos indicados adiante não esgotam a questão e certamente refletem uma opção certamente subjetiva, mas são suficientes para o objetivo destas linhas.

A. Partir do núcleo da fé cristã

O Papa Francisco insiste em que a Igreja proclame o "coração da mensagem de Jesus Cristo" (EG 34) que consiste na "beleza do amor salvífico de Deus manifestado em Jesus Cristo morto e ressuscitado" (EG 36). Daí poder afirmar que "o Evangelho convida, antes de tudo, a responder a Deus que nos ama e salva, reconhecendo-o nos outros e saindo de nós mesmos para procurar o bem de todos" (EG 39). Esta mensagem animadora deve ser pregada para que a todos possa "chegar a consolação e o estímulo do amor salvífico de Deus" (EG 44). E o papa se apoia em Santo Tomás de Aquino que afirmava ser a graça do Espírito Santo manifestada na fé que opera pelo amor, o elemento principal da Nova Lei, sendo a misericórdia a maior de todas as virtudes (EG 37). Daí sua clara afirmação: "A Igreja é chamada, em primeiro lugar, a ser verdadeira testemunha da misericórdia, professando-a e vivendo-a como o centro da Revelação de Jesus Cristo".[1] Eis aqui uma verdade fundamental para entendermos de onde brota um novo modo de atuação da Igreja na mente desse Papa.

B. Enfatizar a fé vivida

Herdamos uma Igreja ainda com nítidas características da época da cristandade: cultura cristã generalizada, batizados não evangelizados, separação entre fé cristã e vida pessoal, ênfase nas formulações doutrinais e exigência no cumprimento de normas morais que, para muitos, deformavam a imagem da Igreja como sacramento da salvação, vendo-a sobretudo como uma entidade autoritária, moralista, demasiado segura de suas verdades e, de certo modo, distante da dura realidade vivida por seus filhos. Naturalmente o Concílio Vaticano II desencadeou grandes mudanças nesse particular. Mas para o papa ainda há muito a ser reformado.

---

[1] PAPA FRANCISCO. *Misericordiae vultus*. São Paulo, Paulinas, 2015, n. 25.

O perigo aqui é cair na tentação de reduzir a fé cristã a uma religiosidade ou a um consumismo espiritual de cunho individualista, com uma adesão a Cristo sem o compromisso pelo outro (EG 89). Mesmo reconhecendo a importância da doutrina, não podemos isolá-la do núcleo do Evangelho, sob pena de cairmos em opções ideológicas (EG 39), de nos omitirmos diante de situações intoleráveis de injustiça (EG 194) ou de nos prendermos a uma formulação que não transmite a substância da mensagem (EG 41).

"A realidade é superior à ideia" e desmascara "os purismos angélicos, os totalitarismos do relativo, os nominalismos declaracionistas, os projetos mais formais do que reais, os fundamentalismos anti-históricos, os eticismos sem bondade, os intelectualismos sem sabedoria" (EG 231). No fundo está o que o papa caracteriza como "mundanismo espiritual" (EG 93), autocentrado, prisioneiro de sua razão ou dos seus sentimentos, achando-se superior aos demais, seguro de si mesmo, pronto para julgar os outros, revivescência do fariseísmo e da degeneração do cristianismo (EG 94). É daí que nascem as divisões e os ataques mútuos por parte de cristãos e de grupos no interior da Igreja (EG 98). Ainda poderíamos acrescentar o "cuidado exibicionista da liturgia, da doutrina e do prestígio da Igreja", o fascínio do poder, a autocomplacência egocêntrica (EG 95). Então, entendemos sua exclamação: "Deus nos livre de uma Igreja mundana sob vestes espirituais ou pastorais!" (EG 97).

C. Aceitar a pluralidade na Igreja

Uma Igreja "em saída" (EG 46), uma Igreja "com as portas abertas" (EG 47), uma Igreja com "o olhar do Bom Pastor, que não procura julgar, mas amar", é uma Igreja que percebe a complexidade plural da realidade humana e social. Já que todo ser humano é também um ser cultural, sempre inserido num contexto sociocultural onde se desenvolve como ser humano, a ação salvífica de Deus deve ser por ele captada para ser aceita e vivida. Portanto, "a graça supõe a cultura, e o dom de Deus encarna-se na cultura de quem o recebe" (EG 115). A história do cristianismo nos atesta que este "não dispõe de um único modelo cultural", "que não faria justiça à lógica da encarnação" (EG 117), mas assume o rosto das diversas culturas, exprimindo assim a catolicidade da Igreja e enriquecendo-a com "novos aspectos da revelação" (EG 116) "ou da riqueza inesgotável do Evangelho" (EG 40). Pois, enquanto missionária, deve a Igreja "crescer na interpretação da Palavra revelada e na sua compreensão da verdade" (EG 40). Pela mesma razão, deve recusar "uma doutrina monolítica defendida sem nuances por todos" (EG 40) e renovar sua linguagem na transmissão da fé, já que, nas palavras de João Paulo II, "a expressão da verdade pode ser multiforme" (EG 41).

A diversidade cultural não rompe a unidade da Igreja. Pois nela atua constantemente o Espírito Santo "que suscita uma abundante e diversificada riqueza de dons e, ao mesmo tempo, constrói uma unidade que nunca é uniformidade, mas multiforme harmonia que atrai" (EG 117). Essa ação do Espírito supõe pessoas que não fiquem confinadas em seus próprios horizontes (EG 226), mas saibam "suportar o conflito, resolvê-lo e transformá-lo no elo de um novo processo" (EG 227). Essa "comunhão nas diferenças" implica ascender a uma "unidade multifacetada" de um "plano superior que conserva em si as preciosas potencialidades das polaridades em contraste" (EG 228). Cada um dos implicados no conflito deve reconhecer que representa apenas parcialmente a verdade da fé, que essa só é adequadamente professada por toda a Igreja e que também esta última jamais esgotará o mistério de Deus reduzindo-o a categorias humanas.[2] Como vemos, não só a unidade prevalece sobre o conflito, mas também o todo é superior à parte. Trata-se de conservar sua

---

[2] BERGOGLIO, J. M. Il pluralismo teológico. *La Civiltà Cattolica*, n. 3952 (23/02/2015), p. 313-328. Tradução italiana do artigo: Sobre pluralismo teológico y eclesiologia latino-americana. *Stromata* 40 (1984), p. 321-331.

identidade, mas sabendo abrir-se para a diversidade alheia que lhe dará maior desenvolvimento (EG 235).

D. Ousar novos caminhos

As transformações socioculturais que experimenta hoje a sociedade pedem da Igreja em sua missão evangelizadora que ela saiba transmitir sua mensagem salvífica de modo condizente com os problemas, os desafios, as inquietações atuais. Não basta repetir soluções passadas para questões que já desapareceram. Faz-se necessário vencer o medo do novo para não nos deixarmos "encerrar nas estruturas que nos dão uma falsa proteção, nas normas que nos transformam em juízes implacáveis, nos hábitos em que nos sentimos tranquilos" (EG 49). Pois

> sempre que procuramos voltar à fonte e recuperar o frescor original do Evangelho, despontam novas estradas, métodos criativos, outras formas de expressão, sinais mais eloquentes, palavras cheias de renovado significado para o mundo atual. Na realidade, toda a ação evangelizadora autêntica é sempre nova (EG 11).

Daí o apelo do papa: "Convido todos a serem ousados e criativos nesta tarefa de repensar os objetivos, as estruturas, o estilo e os métodos evangelizadores das respectivas comunidades" (EG 33). Naturalmente este apelo nos desinstala de costumes e representações familiares e nos lança na aventura de confiarmos no Espírito Santo "permitindo que ele nos ilumine, guie, dirija e impulsione para onde ele quiser. O Espírito Santo bem sabe o que faz falta em cada época e em cada momento" (EG 280).

Não nos deve surpreender que alguns católicos resistam a esse apelo do Papa Francisco. Procuramos indagar sobre a raiz das tensões e dos conflitos sempre presentes na história da Igreja e pareceu-nos poder ser expressa na dialética da unidade da fé cristã e na pluralidade de suas expressões. Abordaremos, portanto, primeiramente a *unidade da fé*, salvaguarda de sua identidade e de sua verdade. Numa segunda parte, veremos como essa unidade experimentou e ainda experimenta uma inevitável *pluralidade* em sua compreensão e em sua expressão sem sacrificar sua verdade. Enfim, numa última parte, examinaremos porque as tensões e os conflitos que hoje constatamos urgem uma adequada e devida *conversão*. Então poderemos melhor compreender não só a resistência de alguns, mas também os apelos por conversão da parte do Papa Francisco.

2. A unidade da fé cristã

O ato de fé consiste na resposta humana à iniciativa livre de Deus de se doar ao ser humano para que este possa participar de sua felicidade eterna. Portanto, a fé é o acolhimento da oferta salvífica de Deus, oferta esta que é o próprio Deus. Assim, o ato de fé se dirige a Deus, goza de uma intencionalidade própria que vai além de enunciados e proposições, embora seja por estas orientada. Esse Deus inacessível, transcendente, mistério permanente para o ser humano se revelou através de Jesus Cristo, a Palavra de Deus, a manifestação de Deus como Pai. Desse modo, a fé em Deus não é simplesmente a fé numa realidade infinita, onipotente e onisciente, mas no Deus de Jesus Cristo, no Deus revelado em suas palavras e ações que são desdobramentos na história da única Palavra de Deus, embora, enquanto Deus, também Cristo seja mistério para o ser humano.

Não sendo uma opção cega, a fé goza de certa luminosidade que lhe é intrínseca, mas, por *tender* a uma meta sempre inacessível, busca sempre compreender melhor o mistério que lhe vem ao encontro e é por ela acolhido (*fides quaerens intellectum*). Daí o desdobramento plural do extremamente simples que é Deus nos dogmas de fé, como explicitações e aprofundamentos da única verdade para a qual tende a fé cristã. Importante aqui é observar que todo discurso sobre Deus tem aqui o seu fundamento, pois tal discurso deve arrancar sempre dessa experiência salvífica primeira, a saber, de acolher esse dinamismo voltado para Deus que se entrega ao ser humano e o atrai para si.

Naturalmente a autodoação de Deus ao que crê enquanto meta para a qual foi criado, enquanto realiza o sentido último de sua vida, enquanto implica uma experiência de amor que é o próprio Deus, é *de certo modo* captada pelo fiel. Trata-se mais de uma consciência do que propriamente de um conhecimento explícito. Em cada cristão essa consciência de fé se encontra limitada e a plenitude dessa fé pode ser encontrada somente na fé comum de toda a Igreja. Trata-se da eclesialidade da fé cristã. Se ela é teologal em seu objeto, por se dirigir ao próprio Deus, em sua modalidade ela é eclesial, pois é a Igreja que garante a autenticidade de meu ato de fé. A fé do indivíduo é sempre uma participação na fé da Igreja. Entretanto, essa mediação eclesial não se interpõe entre o fiel e Deus, pois nela e por ela Deus se doa imediata e diretamente ao que crê.

Mas também a Igreja enquanto comunidade de fé, embora tenha em seu conjunto a garantia de não se enganar em questões de fé e de costumes (LG 12), embora transmita a outras gerações tudo o que crê (DV 8), pelo fato de que sua fé se dirige ao mistério de Deus, ela experimenta um crescimento na compreensão tanto das coisas como das palavras transmitidas, de tal modo que pôde ser afirmado no Concílio Vaticano II que a Igreja "no decorrer dos séculos *tende continuamente* para a plenitude da verdade divina" (DV 8).

Embora tenda para a plenitude da verdade cristã que é Cristo e que implica a sua ressurreição, quando então teremos a revelação de Deus na totalidade da história da fé, é a Igreja que abrange a totalidade da fé cristã. "Só a Igreja *total* vive a fé *total*."[3] É ela que conserva a memória do evento salvífico de Cristo conservado em sua tradição. É ela que oferece ao cristão a linguagem que ilumina sua

---

[3] RATZINGER, J. Comentário ao texto da Comissão Teológica Internacional. *O pluralismo teológico*. São Paulo, Loyola, 2002, p. 45.

fé e a modalidade de vida que caracteriza o discípulo de Cristo. É ela que se mantém a mesma através dos séculos pela ação do Espírito Santo, fonte das mesmas experiências básicas partilhadas pelos fiéis. Portanto, a verdade da fé se manifesta em seu *caminhar* ao longo da história, vetando assim qualquer sistema que pretendesse se equiparar à autêntica ortodoxia.[4]

Afirmação importante, pois desacredita qualquer tentativa de *aprisionar* a fé numa compreensão ou numa formulação de determinada época, impedindo que a riqueza da fé possa melhor transparecer nas ulteriores complementações e aprofundamentos. Porque essa tensão para o mistério é o que une todos os fiéis, cada um comungando com os demais a partir de sua limitada e pessoal experiência de fé. Assim, uma unidade aberta ao mistério de Deus manifestando-se no curso da história humana, mas cuja plenitude ultrapassa as diversas realizações históricas, impedindo que a verdade una seja definitivamente encerrada numa determinada forma cultural ou histórica.

3. A pluralidade presente na fé cristã

A ação salvífica de Deus na doação do Filho e do Espírito Santo à humanidade só chega a seu objetivo quando é reconhecida como tal na aceitação livre, na opção de fé, por parte do ser humano. Pois Deus se revela em fatos históricos e palavras que só são revelação de Deus enquanto recebidos *na fé* por ação do Espírito Santo. Entretanto, não existe ser humano em geral, já que este sempre se encontra no interior de um contexto sociocultural e histórico. Portanto, o gesto divino deve ser entendido e acolhido por homens e mulheres em sua própria cultura.

A cultura é fundamental para o ser humano ao lhe oferecer um quadro de referência, uma visão da realidade, uma resposta à sua

---

[4] Ibid., p. 37-41.

busca de sentido, ao mesmo tempo que lhe indica padrões de comportamento que possibilitam sua vida em sociedade. Ao acolher a Palavra de Deus, esta será necessariamente entendida e vivida como tal no interior de uma cultura determinada. E como toda cultura significa uma determinada perspectiva de leitura da realidade, como toda cultura enfatiza alguns pontos deixando outros na sombra, como toda cultura invariavelmente interpreta o que recebe em suas expressões e em suas práticas, a revelação divina só se pode realizar como tal já concretamente inculturada.

E por se tratar do mistério de Deus, que não pode ser expresso plenamente por cultura alguma, as expressões e práticas condizentes com um contexto sociocultural deverão estar *abertas* para expressões e práticas de outras culturas. Esta afirmação vale não apenas sincronicamente, mas também diacronicamente, já que as culturas são grandezas históricas que sofrem continuamente transformações motivadas por fatores endógenos ou exógenos. Importante aqui é ressaltar que, embora diversificada em suas respectivas linguagens, trata-se da *mesma* opção de fé dirigida ao mistério de Deus doado e revelado em Jesus Cristo no Espírito Santo. Pois o gesto divino é transcultural, não é produto de cultura alguma, antes é a realidade que faz as culturas se transcenderem para além de si mesmas. Pois Deus, em sua autodoação, atinge todos os seres humanos, recebendo expressões diversas em outras culturas ou mesmo em outras religiões, embora a mesma se revele plena e definitivamente na pessoa e na vida de Jesus Cristo.

E como as culturas são sempre realidades limitadas e sujeitas a transformações, devem elas estar abertas a outras culturas que as complementam e aperfeiçoam. O mesmo nós podemos afirmar das expressões inculturadas da fé cristã, que podem e devem se complementar enriquecendo assim a mensagem salvífica enquanto entendida, expressa e vivida em outras perspectivas. E a história do cristianismo, sobretudo no primeiro milênio, nos atesta a unidade da fé na diversidade de variados contextos socioculturais, pois unidade não equivale a uniformidade.

Só pode existir uma autêntica comunidade onde os indivíduos que a constituem passam por experiências comuns, por compreensões comuns da realidade, por juízos comuns sobre a mesma e finalmente por compromissos comuns assumidos. Essa afirmação vale também para a Igreja enquanto a mesma é também uma realidade humana e social. Portanto, seus membros, ao acolherem na fé a mensagem evangélica, dispõem de um horizonte de compreensão peculiar aberto pela vida e pela *pessoa de Jesus Cristo*. Este lhes permite experiências, compreensões, juízos e compromissos comuns.[5] Porém, como vimos, essa fé cristã se é transcultural, por um lado, por outro deve ser entendida e vivida nas diversas culturas, se quiser salvaguardar sua pertinência salvífica e possibilitar a constituição de comunidades cristãs por todo o mundo. Com outras palavras, o horizonte da fé deverá *estar ao alcance* dos membros de uma determinada cultura, o que só acontecerá se já tiver nela inserida; caso contrário, permanecerá como um objeto estranho sem incidência na vida real das pessoas. A inculturação da fé é mais um argumento para a inevitável pluralidade no interior da Igreja, que não é de modo algum enfraquecido ou suprimido pelo fenômeno da globalização como nos evidencia o ressurgimento e a ênfase atual nas culturas locais.[6]

Porém, ainda no interior de uma mesma cultura, podemos encontrar outras diferenciações que originam novos pluralismos. Pois o contato e o conhecimento de outros âmbitos do saber fazem com que o senso comum, patrimônio de todos num determinado contexto sociocultural, experimente modificações e ampliações que devem

---

[5] KOMONCHACK, J. A. *Foundations in Ecclesiology*. In: LAWRENCE, F. (ed.). Boston, 1995.

[6] FRANÇA MIRANDA, M. A Igreja entre a inculturação e a globalização. In: Id. *Igreja e sociedade*. São Paulo, Paulinas, 2009, p. 9-36.

ser levadas a sério na tarefa evangelizadora. Pensemos nos que tiveram acesso ao mundo da ciência, da história, da arte, da filosofia ou da teologia. Nesse caso, representações e expressões tradicionais podem ser incompreendidas e até ridicularizadas por pessoas que gozam de uma consciência mais diferenciada e mais crítica pela formação que tiveram.

4. O imperativo da conversão

A pluralidade enquanto tal não constitui uma realidade negativa que deveria ser evitada. Primeiramente, como já vimos, por se tratar de uma ocorrência inevitável dada a diversidade de contextos socioculturais e de situações históricas e existenciais que apresenta a humanidade. Mas também porque essa pluralidade pode apresentar uma característica *positiva* enquanto enriquece a compreensão da realidade pela diversidade das perspectivas de leitura, mesmo que tenhamos que reconhecer que jamais alcançaremos uma inteligência total e exaustiva (seria o saber absoluto) da mesma. Portanto, quem compreende sempre o faz no interior de seu horizonte particular de leitura, o qual ilumina certos pontos da realidade e deixa outros desconsiderados. Daí que essa sua compreensão deve estar aberta para ser complementada por outras resultantes de outras perspectivas. A compreensão resultante não nega a anterior, mas a "supra-assume" (*aufheben*) numa compreensão mais ampla e profunda. Desse modo, uma pessoa pode manter sua adesão à fé cristã, embora goze de melhor inteligência pelas aquisições posteriores de sua formação religiosa.

Porém nos deparamos também com certas interpretações diferentes na compreensão do ser humano, na natureza do conhecimento, na visão da história, na explicação de fatos da natureza que são e permanecem opostas e conflitivas. Vistas mais de perto, constatamos que tais diferenças têm sua origem nos *diversos horizontes* que *precedem e condicion*am a compreensão. Pois, muitas vezes aqueles que habitam seus mundos culturais e deles se servem para emitir seus juízos, não têm dos mesmos uma consciência clara e explícita. Deste modo permanecem prisioneiros de uma determinada estrutura mental, julgando-a como a única verdadeira e rechaçando qualquer transformação possível.

Constatamos esse estado de coisas naqueles que consideram a verdade como uma realidade fixa, imune ao tempo, eterna, concepção esta que poderíamos chamar de clássica.[7] Seus juízos sobre a realidade são universais e não admitem alternativas. Porém, sabemos hoje que todo conhecimento humano é conhecimento interpretado no interior de um horizonte de compreensão. Portanto, a verdade é uma realidade que se vai desvelando ao longo da história, pois o seu conhecimento acontece necessariamente no interior de um horizonte que é sempre parcial, histórico, aberto a novos *insights*, que a enriquecem sem eliminar as aquisições passadas.

Assim, a mesma ação salvífica de Deus enquanto recebida na diversidade dos que creem explica a diversidade de expressões da mesma, como podemos constatar no Novo Testamento com cristologias, pneumatologias e eclesiologias diversas que se complementam sem se excluírem.[8] A própria história do cristianismo aponta para expressões plurais de cunho doutrinal, litúrgico, pastoral e organizativo, refletindo assim os diferentes contextos e seus respectivos horizontes. Mesmo as dissenções presentes na história do cristianismo foram fortemente influenciadas pelo aspecto cultural, embora não exclusivamente.[9]

---

[7] LONERGAN, B. The Translation from a Classicist World-View to Historical-Mindedness. In: Id. *A Second Collection*. Philadelphia, Westminster Press, 1975, p. 1-9.

[8] RAHNER, K. Theologie im Neuen Testament, *Schriften zur Theologie V*. Benzinger, Einsiedeln, 1962, p. 33-53; PANNENBERG, W. Pluralismus als Herausforderung und Chance der Kirche. In: Id. *Kirche und Ökumene. Beiträge zur Systematischen Theologie III*. Göttingen, Vandenhoeck, 2000, p. 25s.

[9] CONGAR, Y. *Diálogos de outono*. São Paulo, Loyola, 1990, p. 70-74.

De fato, enunciados só têm significação no interior de um contexto. E como esses são históricos e sujeitos a transformações, deve o enunciado ser captado e expresso diversamente. Assim, o dogma de fé enquanto enuncia corretamente uma verdade revelada atravessa os séculos, porque sua origem é o próprio Deus. Mas, à medida que essa verdade pode ser melhor compreendida e formulada no interior de outro horizonte de compreensão, é possível então experimentar um desenvolvimento devido a novas perspectivas de leitura que a enriqueçam e potencializam para outras gerações sua força salvífica.

Uma das razões responsáveis pela resistência que encontramos na Igreja com relação a mudanças estruturais e novas interpretações da fé está na dificuldade em *transcender* o seu próprio horizonte de compreensão por parte de alguns na Igreja. Aqui se impõe uma verdadeira *conversão de cunho intelectual* que aceite a historicidade da verdade e a dimensão interpretativa do conhecimento humano.[10] Por vezes a novidade está na recuperação de compreensões da verdade revelada, esquecidas posteriormente pela Igreja e então repristinadas, como aconteceu no Concílio Vaticano II com a rica contribuição da época patrística. Já Joseph Ratzinger se perguntava se, por detrás de certas separações entre os cristãos, não estariam apenas diferenças de cunho pessoal ou cultural que se apresentam como essenciais sem o serem de fato.[11]

Naturalmente a resistência a novas e atualizadas visões da fé cristã pode provir da *insegurança* diante do novo, sobretudo numa época de transformações rápidas e sucessivas como a nossa. A religião aparece assim como um baluarte seguro e firme, sempre o mesmo, sobranceiro às convulsões da sociedade. Nessa conjuntura florescem tanto o tradicionalismo como o fundamentalismo. Como a causa

---

[10] LONERGAN, B. *Method in Theology*. New York, Herder, 1973, p. 237-244.
[11] RATZINGER, J. A propos de la situation oecuménique. In: Id. *Faire route avec Dieu*. Paris, Parole et Silence, 2003, p. 239.

desse fenômeno não é apenas de cunho intelectual, voltaremos a ele mais adiante.

Outra fonte de divisões e conflitos, além dessa que vimos anteriormente, ocasionada pela diversa estrutura mental, consiste na tendência inerente à natureza humana de não perder o que lhe traz satisfação, de conservar o que lhe assegura paz e bem-estar, de garantir o que lhe é mais familiar, de assegurar conquistas passadas, de se apegar a hábitos e costumes gratificantes. Naturalmente qualquer mudança que ameace sacrificar o atual *status quo* ou imponha a introdução de novos hábitos, sobretudo se exigem renúncias e provocam limitações ao bem-estar pessoal, não será de modo algum bem-vinda. Movido pela busca de satisfação pessoal, o ser humano é fortemente inclinado a julgar as coisas pelas vantagens que lhe aportam. Não nos deve espantar que aqueles que, pelo cargo que ocupam, gozam de autoridade na sociedade ou na Igreja, mas dela fazem uma instância de poder pessoal, sejam exatamente os primeiros a oferecer resistência às transformações que se impõem na sociedade ou na Igreja. Pois estas os desinstalam de seus hábitos, limitam seus poderes, urgem que desfaçam certas alianças com o poder e o dinheiro, contrariam suas tendências e suas preferências. Mesmo sem pretender generalizar um juízo de valor, não nos deveria surpreender que certa resistência às mudanças desejadas pelo Papa Francisco, embora despertem entusiasmo na maioria dos católicos, sejam vistas criticamente por alguns membros da hierarquia eclesiástica.

Nesse caso se impõe uma outra modalidade de conversão, a saber, a *conversão moral*. Esta consiste em nortear nossas decisões e nossas escolhas não movidos pela satisfação própria, mas tendo como critério *os valores* que fundamentam nossa escolha. Não pretendemos entrar aqui nas resistências e mesmo nas agressões que o papa experimenta da própria sociedade.[12] Podemos formular isso de vários

---

[12] Ver: NELLO SCAVO. *I Nemici du Francesco*. Milano, Piemme, 2015.

modos: buscar em tudo a glória de Deus, promover a vinda do Reino de Deus, comprometer-se pelo bem comum, lutar pelos mais pobres, viver com honestidade. Tarefa difícil em nossos dias pela influência do individualismo cultural na sociedade, fonte de tanta corrupção, violência e desigualdade social. Diante de um quadro mundial preocupante, aqui se situa o apelo do Papa Francisco em prol da misericórdia, concretização oportuna da conversão moral.

Entretanto, mais importante que as duas precedentes é a *conversão do coração*. Esta toca a afetividade profunda da pessoa que responde a Deus que é amor (Rm 5,5) e doação de si, procurando fazer de sua vida também uma doação a Deus na pessoa do próximo (Mt 25,31-46). Mais do que um ato consiste num *dinamismo prévio* aos atos que dele brotam. Nesse sentido é o fundamento que motiva e leva à conversão intelectual e moral. Ela está presente e atuante no próprio ato de fé se o consideramos uma resposta de amor ao amor primeiro de Deus. Enquanto tal, ela envolve toda a pessoa, transformando-a em nova criatura, capacitando-a a ver com outros olhos a realidade, estimulando suas opções, unificando sua existência. Consiste num entregar-se na fé ao mistério de Deus e à ação livre do Espírito Santo em nossas vidas. Mas não é um objetivo fácil de alcançar, pois é uma conquista que envolve toda a existência.[13] Tendemos sempre a buscar nossos interesses em qualquer ação que empreendamos, mesmo nas mais sagradas.[14] Quando queremos algo, o que queremos de fato? Motivações egoístas podem nos levar a opções que parecem boas, mas não o são.[15]

---

[13] RATZINGER, J. *Deus caritas est*. Paulinas, São Paulo, 2006, n. 17.

[14] Já Santo Inácio de Loyola advertia os jesuítas: "Sejam frequentemente exortados a procurar em todas as coisas a Deus Nosso Senhor, arrancando de si, quanto possível, o amor de todas as criaturas para o pôr todo no Criador delas, amando-o em todas, e amando a todas nele" (Constituições, n. 288).

[15] VALADIER, P. *La part des choses. Compromis et intransigeance*. Paris, Lethielleux, 2010, p. 167-208.

A fé fundamenta nossa vida em Deus, tornando-nos *livres* ao relativizarmos tudo o que não seja Deus. O contrário é o medo que nos paralisa em nossas seguranças humanas e impede de nos abrirmos à novidade do Espírito. A *conversão* que deve nos acompanhar ao longo da vida como *atitude básica* do cristão consiste numa prontidão a se autotranscender, seja em seu horizonte de compreensão, seja em sua motivação para a ação, seja em sua vivência da fé como resposta no amor a um amor infinito prévio. Esta atitude é imprescindível para a reforma da Igreja. Vemo-la concretizada na pessoa do Papa Francisco, em sua liberdade, em sua coragem, em seu ensinamento, em sua destemida atitude profética. Mas a reforma da Igreja depende também de todos nós que somos a Igreja!

II. O ESPÍRITO SANTO E A CONFIGURAÇÃO ECLESIAL

Constatamos hoje certo descompasso entre a Igreja e a sociedade, também observado em outras instituições, devido principalmente à imagem que ela deixa transparecer num mundo em aceleradas mudanças. O objetivo deste capítulo é mostrar como o Espírito Santo está presente e ativo ao longo da história da Igreja, iluminando e orientando seus membros a corresponder aos desafios socioculturais de cada época, ocasionando configurações eclesiais diversas da *mesma* Igreja de Jesus Cristo. Desse modo, nossa perspectiva pneumatológica se limita principalmente à incidência da ação do Espírito Santo na instituição eclesial. Do mesmo modo, a Igreja será considerada preferentemente tal como aparece aos olhos de nossos contemporâneos, numa palavra, em sua *configuração* concreta.

Para iniciar uma breve explicação sobre o termo "configuração". Pelo fato de que a Igreja é uma realidade humano-divina (LG 8), seus elementos essenciais provenientes da revelação, tais como a pessoa de Jesus Cristo, o anúncio da Palavra, sua acolhida na fé, a celebração da mesma nos sacramentos, especialmente no batismo e na eucaristia, a comunidade dos fiéis, o ministério ordenado, serão necessariamente captados, entendidos, vividos, expressados, no interior de cada contexto sociocultural respectivo, que oferece aos cristãos a linguagem e as práticas dessa sociedade. Por outro lado, a história nos ensina que esses contextos socioculturais se transformam continuamente devido aos desafios internos e externos (cultura é mais propriamente processo cultural), urgindo mudanças no modo como os cristãos entendem e vivem sua identidade como membros da Igreja.

A história da Igreja nos fornece configurações diversas da mesma Igreja ao longo dos séculos, ocasionadas pelas transformações da sociedade de então, que significaram sua sobrevivência, embora nem sempre suas opções sejam vistas teoricamente como corretas por nós hoje. Enquanto uma realidade histórica e regional, cada configuração é sempre inevitavelmente limitada, pois não consegue expressar a totalidade da riqueza da comunidade eclesial. Pois devendo ser sinal, sacramento, expressão do mistério transcendente de Deus vivo na comunidade para uma determinada época histórica com seus questionamentos próprios, a Igreja buscará uma configuração que mais possibilite deixar transparecer sua identidade, acentuando algumas de suas características e deixando outras em segundo plano.

As configurações históricas da Igreja não foram determinadas apenas pelos contextos históricos respectivos, mas também por concepções teológicas que justificavam tais configurações.[1] A configuração eclesial acrescenta aos modelos de Igreja o importante componente sociocultural, neles também presente e atuante, porém latente e desconhecido. Mas não se limita ao mesmo e desse modo se distingue de uma abordagem meramente sociocultural.[2] É importante também ter presente que as configurações históricas da Igreja não se restringem a "roupagens" externas de uma sempre mesma realidade, pois tais configurações contribuem para novas percepções do que seja a Igreja, que, enquanto mistério, jamais poderá ser definitivamente definida.[3]

---

[1] Como aparece em A. Dulles, *A Igreja e seus modelos*, São Paulo, Paulinas, 1978.
[2] Ver: FRANZ-XAVIER KAUFMANN. *Kirchenkrise. Wie überlebt das Christentum?* Freiburg, Herder, 2011.
[3] DIANICH, S; NOCETI, S. *Tratado sobre a Igreja*. Aparecida, Ed. Santuário, p. 85: "O devenir das configurações históricas, segundo as quais a Igreja se desenvolveu, e a correlata mutação das formas de autodefinição com as quais se expressa, não aparecem assim como elementos acidentais ou acessórios, mas indicativos de uma identidade que nunca poderá ser definida de maneira estática".

Quando certa configuração histórica, adequada a tempos passados, deixa de ser entendida, acolhida e vivida por outras gerações,[4] então sociedade e Igreja se distanciam, quando não se hostilizam, e estoura também a crise no interior da própria Igreja, pois seus membros não a reconhecem como tal e dela se afastam, quando deveriam pelo seu testemunho e pela sua ação mantê-la em vida e fazê-la crescer.

Na lenta elaboração de uma configuração eclesial o personagem principal é o *Espírito Santo*. Pois sua ação contínua em vista do Reino de Deus não se limita apenas a possibilitar e fomentar a vida cristã dos membros da Igreja, mas atinge também as condições socioculturais onde vivem estes membros, a saber, a própria sociedade, e assim também a instituição Igreja enquanto espaço onde a fé se torna consciente e a vida cristã se desenrola. Pois em seu agir salvífico o Espírito Santo não prescinde das mediações humanas, através das quais, como nos atesta a própria Bíblia, leva adiante o plano salvífico de Deus. É ele quem nos sensibiliza para as mudanças que urgem, quem nos alerta para os desvios sempre possíveis, quem nos leva à conversão e a viver mais autenticamente a fé, quem indica as reformas estruturais que devolvam à Igreja sua beleza e sua força atrativa.

1. A ação do Espírito Santo em vista do Reino de Deus na Escritura

A Escritura nos apresenta os relatos e as repercussões da ação de Deus na história sem preocupação de ordená-las e sistematizá-las. A própria busca de uma linha coerente que unifique e esclareça o rico e diversificado material que ela nos oferece já implica uma interpretação ou uma leitura determinada e, portanto, parcial, aberta a outras que a completem. Observação importante devido à ótica que adotaremos neste estudo. Buscaremos antes de tudo relacionar

---

[4] Como bem observa Y. Congar a respeito da cristandade em seu livro: *Je crois en l'Esprit Saint II*, Paris, Cerf, 1980, p. 173.

a ação do Espírito Santo com a noção do Reino de Deus. Nosso objetivo, como veremos mais adiante, é considerar o que resulta de tal enfoque para a realidade institucional da Igreja.

Já de início devemos corrigir a expressão "espírito" como se opondo à matéria, quando nos referimos ao Espírito Santo. Pois o termo hebraico é "ruah", que indica, sobretudo, força, vento impetuoso, poder criador de vida. Daí também significar o sopro de vida de homens e animais: "Se retiras sua *ruah*, morrem e voltam ao pó; se envias a tua *ruah*, são recriados e renovas a face da terra" (Sl 104,29s). A própria palavra (*dabar*) de Deus é palavra criadora (Sl 33,6) e nela está presente a *ruah* de Deus. Desse modo, a *ruah* implica uma presença atuante de Deus, mas também a força que dá vida aos seres viventes (alento vital). Poderíamos ainda avançar mais afirmando que a força de Deus conserva todos os seres em sua existência.

A ação de Deus na história em favor de seu povo já aparece no Livro dos Juízes, que relata como pessoas concretas são possuídas e dirigidas pelo Espírito de Deus com a finalidade de orientarem as tribos e salvarem o povo de situações críticas. Ação transitória em alguns personagens (Otoniel, Gedeão, Sansão) que mais tarde será mais permanente com o advento da monarquia em Israel. Daí o rei representar Deus no meio do povo. Os antigos profetas apareciam como possuídos pelo espírito de Deus que os iluminava sobre a vontade de Deus ou sobre a conduta a ser seguida. Os profetas mais tardios (Amós, Oseias, Miqueias, Isaías e Jeremias) anunciavam o *dabar* de Deus: "assim fala o Senhor". Mais tarde o dom do espírito começou a ser ritualizado (Saul) para o rei e nele para todo o povo de Israel. Além disso, os salmos atestam ainda uma experiência pessoal, interior, da ação do espírito (Sl 51,12s). O profeta Ezequiel nos traz a promessa do envio do espírito a todo o povo: "Porei em vós o meu espírito e farei com que andeis segundo minhas leis e cuideis de observar os meus preceitos" (Ez 36,27). Aqui aparece a estreita ligação da ação do espírito com a Torá, que expressa o objetivo de Deus para seu povo constituir uma sociedade fraterna e justa. Embora este espírito provenha de Deus, fazendo-o presente e atuante na história, ele não se identifica com Deus.

As experiências de Israel com Deus apresentam um componente de esperança com relação ao futuro. Daí a expectativa messiânica cujo personagem está intimamente conectado com o espírito (Is 11,1-9), o que vale também para o misterioso Servo de Javé (Is 42,1) e para o ungido de Deus: "O espírito do Senhor está sobre mim" (Is 61,1), onde aparece claramente características de uma nova sociedade, sem aflitos, pobres, cativos, tristes, preanunciando a criação do novo céu e da nova terra (Is 65,17-25). Pois a ação do espírito prometido atinge também a natureza que participa assim da alegria do povo (Is 44,23; 55,12s). Enquanto a *ruah* de Deus repousa no próprio povo eleito, esta força que vem de Deus garante nova vida para este povo (Ez 37,1-28), dotado de uma lei infundida nos corações de todos pelo próprio Deus (Jr 31,23-34; Jl 3,1). Portanto, uma atuação permanente, universal e direta de Deus, provinda das experiências históricas de Israel em vista de uma sociedade futura vivendo sob a soberania (Reino) de Deus.

A experiência cristã de Deus tem início com Jesus de Nazaré, mas essa verdade não foi devidamente valorizada na tradição cristã. O Espírito Santo enviado por Cristo, ou a pneumatologia cristológica de Paulo e de João, prevaleceu sobre o Espírito que atuou em Jesus durante sua existência histórica, a cristologia pneumatológica, tal como nos mostram os evangelistas sinóticos. Ambas não se sucedem temporalmente, mas se implicam mutuamente, como veremos.

A experiência que Jesus faz do Espírito por ocasião de seu batismo (Mc 1,10) dá início à sua vocação messiânica e à sua missão. Neste Espírito Jesus experimenta uma relação especial com Deus como seu Pai e neste Espírito o Deus se relaciona com Jesus como seu Filho. Não é possível falar de Jesus nem de seu relacionamento com Deus sem mencionar o Espírito. É este Espírito "sem medida" (Jo 3,34) que Jesus possui, essa força de Deus que o possibilita expulsar demônios e curar enfermos, perdoar os pecadores e socorrer os pobres, mas também percorrer um caminho difícil, em meio a tentações (Mc 1,12), incompreensões, conflitos até sua paixão e morte de cruz. Cristo, "pelo Espírito eterno, se ofereceu como vítima imaculada a Deus (Hb 9,14). É através desse caminho que se delineia sua missão messiânica na fraqueza e não no poder.

Mas deste caminho participa igualmente o Espírito que o anima, inspira e fortalece permanentemente. Portanto, este itinerário nos revela também como atua o Espírito, sua *quenose* e, portanto, sua identidade. O Espírito se rebaixa, se esvazia, e como tal atua em Jesus levando-o a sua entrega por nós (Mt 8,17). Ao se mostrar intimamente unido ao destino de Jesus, o Espírito de Deus se torna definitivamente o Espírito de Cristo. A história de Jesus é a história do Espírito de Jesus, sempre presente ao longo de sua vida, mesmo no Getsêmani e no Gólgota levando-o ao abandono nas mãos de Deus.

Mas o Espírito de Deus não apenas conduz Jesus a sua entrega na morte de cruz, mas também é aquele que o liberta da morte e no qual Jesus se torna uma presença viva no meio da comunidade cristã. Além da experiência pessoal do Espírito por parte de Jesus e da experiência do Espírito de Jesus por parte da comunidade. Aí o Espírito aparece como a força que ressuscita Jesus dos mortos (Rm 1,1-4), que o faz voltar à vida (1Pd 3,18), do mesmo modo que o profeta Ezequiel o afirmava como responsável pela nova criação e a vida eterna (Ez 37). Cristo foi ressuscitado pela *ruah* de Deus. Esse dado da Escritura proveio das experiências feitas pelos primeiros discípulos com o Ressuscitado. Daí concluem que Cristo vive no Espírito eterno e que o Espírito divino atua nele e por ele. Daí a afirmação de Paulo de que Cristo é alguém "que dá vida" (1Cor 15,45) e que o Espírito passe a ser o "Espírito de Cristo" (Rm 8,9; Gl 4,6)), sendo então Cristo o sujeito do Espírito, quem o envia (Jo 16,7; 20,22).

Nossa fé no Cristo ressuscitado se dá "no Espírito" e aí concomitantemente é experimentado o Espírito, sem que o provemos diretamente, como não vemos os olhos com que enxergamos. Observemos ainda que o Espírito é enviado pelo Pai em nome de Cristo (Jo 14,26; 15,26). O Espírito procede do Pai e é enviado por Jesus, que o pede ao Pai (Jo 14,16). Mas é o Espírito, enquanto força criadora que vence até a morte, que nos desperta para a esperança da vida eterna em Deus. Pois a ressurreição de Cristo pelo Espírito é a antecipação e o início da nova criação de todas as coisas, do Reino de Deus em plenitude, da nova humanidade em Deus.

2. O Espírito Santo constitui a comunidade eclesial

Não podemos conceber Igreja sem a ação vitoriosa do Espírito Santo. Pois enquanto "comunidade dos que creem" aparece a fé como o fundamento da própria instituição eclesial, como já observou Tomás de Aquino. Entretanto, nessa opção do ser humano pela pessoa de Jesus Cristo está presente o Espírito Santo (1Cor 12,3). Este mesmo Espírito abre o acesso aos dons de Deus (1Cor 1,12), habita no cristão (Rm 8,9), faz dele filho de Deus (Rm 8,14), lhe possibilita invocar a Deus como Pai (Rm 8,15; Gl 4,6), rezar como se deve (Rm 8,26), bem como sustenta sua esperança da vida eterna (Rm 8,11).

De fato, o Espírito constrói a comunidade cristã ao inserir na mesma, através da água do batismo, o neófito, como tão incisivamente afirma São Paulo: "Pois todos nós fomos batizados em um só Espírito, para formarmos um só corpo, judeus ou gregos, escravos ou homens livres, e todos nós bebemos de um único Espírito" (1Cor 12,13). O batismo de água torna visível o dom do Espírito, ambos aparecem unidos em Paulo no mesmo processo, embora o protagonismo principal do Espírito não esteja tão presente na consciência de muitos cristãos na celebração deste sacramento. Somos cristãos pela fé em Jesus Cristo e pelo dom do Espírito. O Espírito é dado à fé, mas esta é professada no batismo (At 2, 38). Também na ordenação ministerial a imposição das mãos, que como tal já expressa comunicação do Espírito, é acompanhada de uma invocação ao Espírito, como era costume no início do cristianismo (1Tm 4,14; 2Tm 1,6). Igualmente no sacramento da reconciliação, cujo perdão nos vem do Espírito (Jo 20,22s) pela mediação do sacerdote conforme o Novo Ritual deste sacramento (n. 19). E todos nós sabemos da importância da *epiclese* (invocação do Espírito) na consagração eucarística.

Mencionemos ainda que também a Palavra de Deus só é captada e acolhida como tal pela ação prévia do Espírito Santo, como nos ensina o episódio de Lídia (At 16,14) e a unção do Espírito, mencionada por João (1Jo 2,20 e 27) e Paulo (2Cor 1,21). Igualmente toda a vida cristã, liberta da lei, é impulsionada e originada pela ação interior do Espírito: "Se vivemos pelo Espírito, andemos também sob o impulso do Espírito" (Gl 5,25). Também é o Espírito que fundamenta a comunhão dos membros da Igreja (2Cor 13,13), já que em todos está presente e ativo. Do mesmo modo, a atividade missionária da Igreja se deve ao Espírito que provoca e fortalece os primeiros cristãos a proclamarem sua fé (At 2,4; 4,31) e a tomarem decisões em vista do apostolado (At 11,12; 15,28). A presença atuante do Espírito nos fiéis faz da Igreja o "templo do Espírito Santo", como exprime o apóstolo Paulo (1Cor 3,16s; 2Cor 6,16). No Credo que rezamos, a Igreja vem depois da profissão de fé no Espírito, pois sem ele não existiria. É importante que tomemos consciência dessa verdade em nossos dias: a adesão na fé, a escuta da Palavra de Deus, a oração a Deus, a recepção dos sacramentos, o tipo de vida próprio dos cristãos, a missão evangelizadora da Igreja, tudo isto depende da ação do Espírito Santo.

Aqui aparece como a realidade institucional da Igreja se revela insuficiente para explicar sua ação salvífica, que só pode provir de

Deus. Daí a invocação constante ao Espírito Santo, a importância da *epiclese* também em sua vida e em sua missão. Como já se escreveu: "Sem o Espírito, Deus está longe, Cristo fica no passado, o Evangelho é letra morta, a Igreja uma simples organização, a autoridade dominação, a missão mera propaganda, o culto uma evocação e o agir cristão uma moral de escravos".[5]

Mas o Espírito Santo não limita sua ação aos corações dos fiéis, já que atinge também a configuração institucional da Igreja. Pois enquanto é derramado sobre todo o povo de Deus conforme a promessa (Jl 3,1-5; At 2,17-21), todos recebem o seu carisma próprio (1Cor 7,7), ocasionando assim uma diversidade plural de carismas no interior da comunidade: "Há diversidade de dons, mas o Espírito é o mesmo. Há diversidade de ministérios, mas o Senhor é o mesmo. Há diversas atividades, mas é o mesmo Deus que realiza tudo em todos. A cada um é dada a manifestação do Espírito em vista do bem de todos" (1Cor 12,4-7). Os carismas não são necessariamente dons extraordinários, mas também graças que na sua simplicidade e discrição contribuem para a edificação da comunidade.

Não podemos distinguir em Paulo ministérios "carismáticos" e "não carismáticos", pois também os ministérios "funcionais" são considerados por ele como carismáticos. Todos os membros da comunidade recebem seu carisma do Espírito que livremente os concede, mas que também ordena e regula a coexistência de todos eles, sobretudo através do carisma da caridade. Embora essa atuação do Espírito já resulte numa certa "ordem" ou "estrutura" na comunidade, não podemos afirmar que a mesma constitua uma determinada forma institucional em seu interior, seja de cunho monárquico, oligárquico ou democrático, pois tal ideia não condiz com a doutrina paulina dos carismas. De fato, a ação do Espírito orienta a edificação da comunidade para uma forma que seja mais conveniente

---

[5] HAZIM, Ignace apud CONGAR, Y. *Je crois en l'Esprit Saint II*, cit., p. 52.

para a participação e comunhão de todos os seus membros, bem como para a irradiação da Boa-Nova aos de fora da comunidade. Pois já encontramos no Novo Testamento formas diferenciadas de comunidade, de vida fraterna e de estruturas eclesiais, seja devido aos diferentes contextos socioculturais, seja devido às mudanças no desenrolar do tempo, como nos mostram a organização eclesial que emerge das Cartas Pastorais, dos Atos dos Apóstolos e das Cartas Paulinas. Assim, nas Cartas Pastorais o Espírito é concedido pela imposição das mãos em vista do ministério de direção da comunidade (1Tm 4,14; 2Tm 1,6).

3. O Espírito Santo e o Reino de Deus

A importância do Espírito Santo para a fé cristã só pode ser devidamente entendida se a ação do Espírito na criação é vista em sua correlação com a ação do Espírito na recriação escatológica. Aquele que insuflou vida é o mesmo que vivificará os que morrem em Cristo. A força do Deus (*ruah*) que ressuscitou Cristo é garantia de vida plena para seus seguidores (Rm 8,11). Mas a ação do Espírito Santo não se limita apenas à criação e à ressurreição da carne, já que inspira e fortalece as ações humanas que denotam originalidade e criatividade, como a inspiração profética, as obras artísticas, a produção poética, a ousadia dos heróis, no carisma dos governantes. Sempre se trata de conferir mais vida a todos. É exatamente o Espírito que nos criou para a vida aquele que nos faz almejar a vida eterna, já que esta vida na condição carnal é devolvida a Deus quando morremos (Ecl 12,7), pois não nos foi dada em plenitude (Gn 6,3).

A existência humana é toda ela voltada para a vida plena em Deus, da qual a ressurreição de Jesus constitui uma antecipação e uma garantia. A influência da gnose deturpou essa visão. Como expressou um teólogo: "O futuro de Deus foi sendo substituído pela eternidade de Deus, o Reino vindouro pelo céu, o Espírito como 'fonte de vida' pelo espírito que liberta a alma do corpo, a ressurreição da carne pela imortalidade da alma, a transformação deste mundo pelo anseio por um outro mundo".[6] Pelo contrário, é o Espírito que nos anima a lutar pela vida, a diminuir tudo o que significa diminuição da vida, a promovermos uma sociedade que possibilite vida para todos, a considerarmos efêmeras as manifestações de morte, porque somos animados pelo Espírito que nos faz esperar pela vida plena em Deus.

A ação do Espírito em nós nos faz crer no Deus da vida, no Deus que quer a felicidade plena do ser humano e que nos estimula a colaborarmos com seu projeto do Reino, a finalidade última de toda a criação. Cada vez que concretizamos na história os valores do Reino, estamos, fortalecidos pelo Espírito de vida, fazendo acontecer o Reino de Deus, embora de modo frágil, ameaçado e limitado, próprio da condição humana. Podemos mesmo entender toda a história do povo de Deus como o lento processo de formação de uma sociedade que manifestasse na imperfeição da história a comunidade futura do Reino de Deus, na qual o amor e a justiça fossem uma realidade plena.[7]

Aqui está o sentido último da Igreja: toda ela está voltada para a realização do Reino de Deus na história. Pois, uma vez que teve seu início em Pentecostes, este evento significa a plenitude da ação do Espírito na criação, pois os apóstolos testemunham a vivificação de Cristo, penhor da ressurreição dos demais seres humanos, pela mesma força de Deus. E os que se unem a eles constituem a nova comunidade cristã, animada pelo mesmo Espírito que animou Jesus, o Espírito de Cristo, procurando já tornar realidade na história os valores do Reino de Deus futuro e assinalando já a comunidade humana a viver o amor e a justiça, seja pela vida de seus membros, seja

---

[6] MOLTMANN, J. *O Espírito da vida. Uma pneumatologia integral.* Petrópolis, Vozes, 2010, p. 93.

[7] LOHFINK, G. *Deus precisa da Igreja? Teologia do Povo de Deus.* São Paulo, Loyola, 2008. É o sentido último da Torá, da observância do sábado e dos jubileus em Israel.

por suas celebrações, como na eucaristia.[8] A Igreja não é o Reino de Deus. Sua missão é assinalá-lo para toda a humanidade como seu destino final. Pois ela sabe que essa realidade escatológica de todo o universo e de toda a história é obra de Deus. Como comunidade viva de todos os filhos de Deus, ela inclui em sua compreensão a ressurreição de Cristo e também a nossa ressurreição, ambas resultantes da ação da força de Deus, do Espírito Santo.

4. O Espírito Santo plasma a Igreja institucional ao longo da história

Urge corrigir uma lacuna do passado que reconhecia a ação do Espírito Santo no cristão, mas não a via tão claramente na Igreja.[9] Para Paulo e João o Espírito é sempre concedido à Igreja (Jo 14,16; Rm 5,5; 1Cor 12,4-11). Não haveria Igreja sem o acolhimento do querigma salvífico possibilitado pelo Espírito Santo (1Cor 12,3). Em todas as ações salvíficas da Igreja pelo anúncio da Palavra ou pelas celebrações sacramentais está presente o Espírito Santo. Daí a conclusão de Y. Congar de que todas as ações salvíficas da Igreja são epicléticas sem mais.[10] Consequentemente, podemos afirmar que a Igreja não foi fundada somente na origem, Deus a constrói ativamente sem cessar. Essa é uma ideia expressa em 1Cor 12.[11] O Espírito é o sujeito transcendente da tradição viva e garantia de sua fidelidade (2Tm 1,14), podendo ser considerado *princípio constituinte* da Igreja.[12]

---

[8] PANNENBERG, W. *Teologia Sistemática III*. São Paulo, Paulus/Academia Cristã, 2009, p. 63.
[9] GROPPE, E. T. The Contribution of Yves Congar's Theology of the Holy Spirit. *Theological Studies* 62 (2001), p. 452-456.
[10] CONGAR, Y. *Je crois en l'Esprit Saint III*. Paris, Cerf, 1980, p. 343-351.
[11] Id. *A Palavra e o Espírito*. São Paulo, Loyola, 1989, p. 94.
[12] ZIZIOULAS, J. D. *Being as Communion*. London, Darton/Longman/Todd, 1985, p. 140.

A Bíblia nos ensina que a ação do Espírito se faz sempre através de uma mediação humana, como vimos anteriormente. Mas não através de um ser humano abstrato, e sim de alguém vivendo num contexto histórico bem determinado. É ele quem vai captar, expressar e transformar em ação o impulso do Espírito. Esta afirmação vale também para a ação do Espírito na constituição da comunidade eclesial, cujos carismas em sua diversidade tanto levam a uma compreensão do que seja a própria comunidade quanto já delineiam as funções e as estruturas da mesma. Como a revelação só chega a sua plenitude quando recebida na fé, assim também a ação do Espírito Santo.[13] Desse modo, a comunidade cristã se constitui e se autocompreende com as representações mentais, as estruturas de pensamento, as categorias sociais, presentes e atuantes em seu respectivo contexto sociocultural. Desconhecer essa realidade pode significar absolutizar o relativo, eternizar o histórico, fixar o provisório, impedir novas configurações eclesiais. Portanto, a comunidade dos fiéis naturalmente expressa e transmite sua fé através de expressões doutrinais, de ritos e práticas, de organizações sociais, de funções e papéis, de estruturas, que respondam, de um lado, à ação do Espírito e, de outro, à linguagem e organização social disponível e adequada ao contexto histórico onde se situa. A Igreja só pode realizar sua missão em prol do Reino de Deus mediante uma linguagem que seja performativa, mediante ações que sejam significativas, mediante opções que respondam aos desafios existenciais e sociais de uma geração.

Assim como pela encarnação do Verbo de Deus só chegamos ao Cristo da fé por meio do Jesus da história com todos os condicionamentos de espaço e tempo, cultura e sociedade (1Jo 1,1-3), assim também a Igreja, enquanto realidade humano-divina, só

---

[13] KOMONCHACK, J. A. *Foundations in Ecclesiology*. Boston, University Press, 1995, p. 151: "Against the holier abstractions it is necessary to insist that the Church is not the divine initiative itself, but the human social response to God's grace and word".

existe encarnada e inserida numa realidade histórica. Ainda mais. Enquanto realidade histórica está ela sempre sujeita às transformações da própria história. Embora deva sua existência à iniciativa de Deus, que a determina em seus constitutivos institucionais, enquanto realidade histórica necessariamente devem tais determinações estar *configuradas* para cada contexto histórico respectivo. E como tais contextos se sucedem ao longo da história, não nos admira que também a Igreja experimente transformações de cunho linguístico e institucional, de cunho pastoral e vivencial, como nos confirma a própria história da mesma.

Esse ponto deve ser enfatizado. A Igreja só é realmente Igreja para seus contemporâneos à medida que deixa *transparecer* o que ela é para esta sociedade. Ela tem essencialmente uma dimensão "icônica", pois deve remeter à realidade da comunhão de todos no mesmo Espírito (2Cor 13,13).[14] Com outras palavras, a sociedade deve poder captar e entender sua verdade teológica, desde que manifestada em sua realidade institucional e em sua vida comunitária. Caso contrário, ela deixa de ser sinal, aparece deformada aos olhos da sociedade, perde credibilidade e força de irradiação.[15]

Observemos que sempre um discernimento se faz necessário para comprovar a autenticidade das transformações, pois nem tudo na cultura e na sociedade onde se encontra a Igreja corresponde à mensagem evangélica e deve ser simplesmente assumido. Sem mencionar que a história nos demonstra que determinadas mentalidades e estruturas presentes na Igreja resultaram da vaidade e do desejo de poder. Daqui podemos ainda entender que muitas resistências a mudanças urgentes na Igreja se originem não só de representações e

---

[14] ZIZIOULAS, J. D. Die pneumatologische Dimension der Kirche. *Internationale katholische Zeitschrift Communio* (1973), p. 142-144.

[15] DUQUOC, Ch. *"Je crois en L'Église"*. *Precarité institutionelle et Règne de Dieu*. Paris, Cerf, 1999, p. 271s.

hábitos mais tradicionais, mas também do egoísmo, da vaidade e da vontade de poder.

5. A configuração eclesial no Concílio Vaticano II

João XXIII considerou o Concílio como um novo Pentecostes.[16] Essa afirmação pressupõe a ação do Espírito Santo na instituição eclesial, a cujo serviço ela deve estar. De fato, "o organismo social da Igreja serve ao Espírito de Cristo que o vivifica para o aumento do corpo (cf. Ef 4,16)" (LG 8). A assistência contínua nos fiéis (LG 4) leva ao progresso da própria Tradição (DV 8) e à abertura de novos caminhos para abordar o mundo de nosso tempo (PO 22). Assim se, de um lado, o Espírito Santo guarda indefectivelmente a forma de governo instituída por Cristo na sua Igreja" (LG 27), de outro, ele a rejuvenesce e a renova perpetuamente (LG 4).

A Igreja da cristandade do passado, gestada ao longo dos séculos, se caracterizava por diversos elementos que lhe conferiam uma configuração própria.[17] Sem dúvida, uma Igreja fortemente hierarquizada, legalista, triunfalista, separada do mundo (profano), uma Igreja unida ao Estado (poder), piramidal, uniformizadora, cujos membros constituíam uma massa passiva.[18] Era uma Igreja que, embora tenha em sua história fatos memoráveis e figuras exemplares, se encontrava separada da sociedade e muito voltada para si.

A preocupação de João XXIII era de fazer a Igreja repensar sua identidade diante do mundo, abrindo diálogo com todos, ouvindo-os

---

[16] Ver: CONGAR, Y. *Je crois en l'Esprit Saint I*. Paris, Cerf, 1981, p. 234, nota 16.

[17] Para uma exposição mais completa, ver: LAFONT, G. *L'Église en travail de reforme*. Paris, Cerf, 2011, p. 204-217.

[18] CODINA, V. Nova configuração da Igreja. In: BRIGHENTI, A.; MERLOS, F. (org.). *O Concílio Vaticano II. Batalha perdida ou esperança renovada?* São Paulo, Paulinas, 2015, p. 108-111.

e realizando uma autêntica atualização (*aggiornamento*) em sua configuração histórica. O próprio estilo de seus documentos, sem anátemas e condenações, indica já a finalidade *pastoral* desse Concílio,[19] que quis levar a sério o contexto histórico e cultural de então, para que pudesse ser entendido e acolhido pela sociedade. Portanto, pastoral aqui não se opõe a dogmático, mas afirma a sempre nova atualidade da verdade do dogma e a apresenta viva para uma geração.[20] Desse modo, sem estar ausente nos Concílios anteriores, mais voltados para a ortodoxia doutrinal e a ordem institucional, fica patente a preocupação dos padres conciliares com a finalidade salvífica da Igreja. Daí a necessidade do diálogo e da atualização. Mesmo sem entrar na temática do "conflito das interpretações" desse Concílio, aparece claramente que dele brotou uma configuração eclesial, a qual não pode ser caracterizada simplesmente como *nova*, pois consistiu na recuperação do que havia de melhor na tradição do primeiro milênio.

Assim, podemos citar algumas características da Igreja presentes nos textos conciliares, mesmo reconhecendo que não somos completos. A Igreja se concebe como mistério, como povo de Deus no qual a igual dignidade de todos é ressaltada, a centralização do governo cede à colegialidade, o laicato emerge como sujeito eclesial e responsável pela missão, a Igreja local desponta tendo suas particularidades culturais respeitadas. Assim, nessa configuração a Igreja se volta para fora de si, para o mundo, participando de suas dores e alegrias e dele aprendendo para melhor realizar sua missão. Igualmente ela se abre ao diálogo com a cultura moderna, com as outras Igrejas cristãs,

---

[19] O'MALLEY, J. W. *What happened at Vatican II*. Cambridge, The Belknap Press, 2010, p. 305.

[20] LEHMANN, K. Hermeneutik für einen künftigen Umgang mit dem Konzil. In: WASSILOWSKY, G. (Hg.). *Zweites Vatikanum vergessene Anstösse, gegenwärtige Fortschreibungen*. Freiburg, Herder, p. 79.

com as demais religiões. Deixa de ser uma Igreja autocentrada para ser uma Igreja a serviço da sociedade.[21]

Importante aqui é a consciência da historicidade da Igreja, cuja tradição se vê enriquecida pela ação do Espírito Santo, tendendo continuamente para a plenitude da verdade divina (DV 8). Esse enriquecimento acontece pelas diversas perspectivas de leitura da própria tradição, as quais se sucedem com os anos e com as diversidades culturais. Acontece até mesmo nas diversas, embora complementares, interpretações do próprio Concílio.[22] Essa conclusão é confirmada pela própria história da Igreja, sempre a mesma e sempre adquirindo novas configurações para manter sua identidade de instituição salvífica para o mundo.

6. A configuração eclesial na América Latina

A recepção do Concílio Vaticano II na América Latina se concretizou fundamentalmente e de modo original na Assembleia Episcopal do Celam, em Medellín (1968). Contribuiu para esse fato a responsabilidade da Igreja pela sociedade, assumida na *Gaudium et spes*, a escandalosa realidade dos pobres neste subcontinente e, certamente, a ação do Espírito Santo mediante os bispos e os teólogos dessa época. Como em toda recepção há uma releitura do que é

---

[21] Ver: O'MALLEY, J. W. *Vatican II: Did Anything Happen?*, na obra coletiva de: SCHULTENOVER, D. G. (ed.). *Vatican II: Did Anything Happen?* New York, Bloomsbury, 2007, p. 81: "I will summarize in a simple litany some of the elements in the change in style of the Church indicated by the council's vocabulary: from commands to invitations, from laws to ideals, from threats to persuasion, from coercion to conscience, from monologue to conversation, from ruling to serving, from withdrawn to integrated, from vertical and top-down to horizontal, from exclusion to inclusion, from hostility to friendship, from static to changing, from passive acceptance to active engagement, from prescriptive to principled, from defined to open-ended, from behavior-modification to conversion of heart, from the dictates of law to the dictates of conscience, from external conformity to the joyful pursuit of holiness".

[22] KOMONCHAK, J. A. Vatican II as an Event. In: SCHULTENOVER, op. cit. p. 40s.

recebido devido ao novo contexto e, em alguns casos, devido ao próprio distanciar no tempo. Na Mensagem aos Povos da América Latina aparece já claramente que os bispos assumem a realidade latino-americana, querem promover uma sociedade mais justa e fomentar uma evangelização integral e mesmo renovar as estruturas eclesiais. Além disso, valorizam a religiosidade popular e insistem numa Igreja mais pobre. Medellín prossegue na linha "pastoral" do Concílio e tem uma importância decisiva para os anos posteriores.[23] Entender e viver a fé cristã na perspectiva dos pobres fará surgir para esta região uma reflexão teológica libertadora, embora diversificada.

Sem dúvida, estamos às voltas com uma nova configuração eclesial: uma Igreja pobre, livre de compromissos temporais, de títulos honoríficos anacrônicos, de conivência com os poderosos, comprometida com o desenvolvimento integral da pessoa, solidária com os que sofrem, inserida em meios populares, enfim mais fiel ao Evangelho.[24] A Assembleia Geral de Puebla (1979) retoma a orientação básica de Medellín, aperfeiçoando-a com uma maior atenção ao fator cultural latino-americano. Em Aparecida (2007) se insiste fortemente na finalidade missionária da Igreja, no papel que nela tem o laicato, na necessidade de uma séria conversão pastoral que possibilite uma nova mentalidade e novas estruturas eclesiais. Só assim a experiência da vida de fé e a vivência comunitária poder-se-ão tornar realidade.[25]

Um olhar retroativo para a lenta, mas firme, caminhada da Igreja da América Latina, apesar das incompreensões e das dificuldades surgidas, deixa aflorar já uma configuração específica, sobretudo

---

[23] SCHICKENDANTZ, C. Zeichen der Zeit heute aus lateinamerikanischer Perspektive. In: HÜNERMANN, P. (Hg.). *Das Zweite Vatikanische Konzil und die Zeichen der Zeit heute*. Freiburg, Herder, 2006, p. 179.

[24] LEGORRETA, J. de J. A reforma da Igreja nos documentos das Assembleias Gerais do Episcopado Latino-americano. *Revista Eclesiástica Brasileira* 74 (2014), p. 657.

[25] FRANÇA MIRANDA, M. *Igreja e sociedade*. São Paulo, Paulinas, 2009, p. 87-91.

quando confrontada com a Igreja da cristandade. Uma primeira característica diz respeito à *fé vivida* como experiência salvífica. De fato. O acolhimento da iniciativa salvífica de Deus em Jesus Cristo e possibilitada pelo Espírito Santo constitui um evento que atinge a pessoa em sua existência concreta. Assim, a fé não é tanto uma aceitação formal e descompromissada da doutrina cristã, forte preocupação da Igreja no passado, juntamente com as normas morais e o enquadramento jurídico. Daqui se compreende a insistência do texto de Aparecida por um encontro pessoal com Jesus Cristo e por um catecumenato mistagógico.[26]

Também a noção de Igreja como comunhão e a consciência de ser toda ela voltada para a missão, tal como afirmou o Vaticano II, repercutiu em Aparecida, que vê no *empenho missionário* uma característica do cristão, tanto com relação à sociedade como no interior da Igreja, com participação ativa na pastoral. Naturalmente "discípulos missionários" só teremos se houver uma mudança de mentalidade do clero e estruturas condizentes com uma maior participação do laicato. A *opção pelos pobres* é novamente retomada pelos bispos em Aparecida ao insistir no exemplo de Jesus Cristo que teve nos pobres seus destinatários privilegiados. Daí decorre um estilo de vida mais sóbrio, uma revisão das estruturas e prioridades pastorais para que a Igreja possa ser realmente "a casa dos pobres de Deus".

Em todas as Assembleias os bispos estavam bem conscientes da ação do Espírito Santo nas transformações da história (Medellín, Introdução às Conclusões n. 4), responsável pela renovação das leis e das estruturas (Puebla n. 199) e atuante no discernimento dos sinais dos tempos para descobrir o plano de Deus na construção da sociedade (Puebla n. 1128; Aparecida n. 33), em vista de impulsionar a transformação da história (Aparecida n. 151). Como atesta

---

[26] REINERT, J. F. Paróquia e iniciação cristã catecumenal: uma relação urgente. *Revista Eclesiástica Brasileira* 74 (2014), p. 792-825.

claramente o texto de Aparecida: "A pastoral da Igreja não pode prescindir do contexto histórico onde vivem seus membros. Daí nasce, na fidelidade ao Espírito Santo que a conduz, a necessidade de uma renovação eclesial que implica reformas espirituais, pastorais e também institucionais" (n. 367).

Sintetizando os resultados das Assembleias Gerais do Celam, podemos afirmar brevemente que a *Igreja da América Latina e do Caribe* almeja uma configuração determinada: Igreja dos pobres, simples e inculturada, com um laicato ativo, animado por uma experiência pessoal com Jesus Cristo no interior de uma comunidade de fé, Igreja que valoriza a piedade popular, sem descuidar uma evangelização integral que integra a dimensão sociocultural e econômica do ser humano. Sem dúvida, uma Igreja despojada de poder, de prestígio e de recursos, sem sonhos de conquista e com desejos de servir.

7. A configuração eclesial do Papa Francisco

A importância da Exortação apostólica *A Alegria do Evangelho* é que ela extrapola seu gênero literário e se apresenta como seu programa de pontificado (EG 24) para os próximos anos (EG 1). De modo muito breve e sintético, podemos caracterizar a configuração subjacente a este documento em três partes. A primeira enfatiza especialmente a finalidade da própria instituição eclesial; a segunda atende mais a sua estrutura interna; a terceira atende sobretudo à qualidade evangélica de seus membros.

Primeiramente, o Papa Francisco na linha do Vaticano II, da *Evangelii Nuntiandi* e das Assembleias de Medellín, Puebla e Aparecida, insiste que "a ação missionária é *o paradigma de toda a obra da Igreja*" (EG 15). Esta não pode estar continuamente voltada para si própria, autorreferenciada, preocupada com sua autopreservação (EG 27), mas deve assumir uma pastoral para fora, missionária e não de manutenção como já indicava o *Documento de Aparecida* (370). Essa opção faz com que todos na Igreja sejam de fato missionários, sujeitos ativos pelo fato de serem batizados (EG 120).

Em seguida, o Papa Francisco retoma as conquistas conciliares sobre a colegialidade e as Igrejas locais, censura uma centralização excessiva (EG 32), incentiva as Conferências Episcopais que deveriam mesmo ter certa autoridade doutrinal (EG 32). Essa participação ativa de todos na Igreja aparece claramente do texto de Aparecida (371), do qual o então Cardeal Bergoglio foi o presidente da comissão de redação. A valorização das Igrejas locais significa também uma aprovação da inculturação da fé nas mesmas, já que a fé se encarna na cultura que a recebe (EG 115). Desse modo, valoriza a contribuição das culturas para a própria fé (EG 116) e dá especial atenção à cultura popular evangelizada que "contém valores de fé e de solidariedade que podem provocar o desenvolvimento de uma sociedade mais justa e crente" (EG 68).

Enfim, a Exortação apostólica dá grande importância à real vivência da fé, insistindo na conversão na linha de Aparecida (EG 25), na saída de si (EG 39), na fidelidade à ação do Espírito Santo (EG 37), numa fé alimentada por um contato pessoal e frequente com Jesus Cristo, que o experimenta vivo (EG 266), nos confere o olhar de Jesus e nos faz estar próximos das pessoas (EG 268), tocando suas misérias e sofrimentos (EG 270). Realmente a fé cristã só demonstra sua autenticidade na medida em que assume a opção de Deus revelada em Jesus Cristo, a opção pelos pobres, que implica não só voltar-se para eles, mas deixar-se por eles evangelizar, saber escutá-los e compreendê-los (EG 198). A Igreja só terá credibilidade em seu anúncio do Evangelho (EG 199) se nela os pobres se sintam em casa. E o papa conclui: "por isso, desejo uma Igreja pobre para os pobres" (EG 198).

Aqui surge uma questão. Se formos comparar, em suas características mais fundamentais, a configuração eclesial delineada no

Vaticano II, no texto da *Evangelii nuntiandi*, em Medellín, Puebla, e Aparecida, com a programática Exortação apostólica *Evangelii gaudium*, constataríamos sem dúvida uma mesma linha de fundo, um mesmo objetivo, que inevitavelmente reincide numa determinada configuração eclesial bem diferente daquela da cristandade. Porém, mesmo sem desconhecer a influência da Igreja latino-americana na Igreja universal, estamos hoje diante de um novo desafio. Pode uma configuração eclesial, plasmada numa região, ser assumida por outras Igrejas fora dessa região? A pergunta se justifica desde que um papa, autoridade máxima da Igreja universal, assume como programa de seu pontificado essa configuração de raízes latino-americanas. Poderíamos fugir da questão ao nos voltarmos para a história da Igreja e constatarmos que a Igreja europeia foi, de fato, exportada para os demais continentes do planeta. Mas hoje a consciência de fé da Igreja, seja em seu magistério, seja em seus fiéis não mais aceita a plantação de Igrejas europeias em outros contextos socioculturais. Portanto, volta a questão: O que é universalizável numa configuração eclesial que sempre será contextualizada, porque necessariamente encarnada e inculturada? E como podemos demonstrar ser o próprio Espírito Santo quem move a Igreja para tal configuração?

8. Uma configuração eclesial provinda do Espírito Santo, a partir da periferia?

Para respondermos a essa questão, devemos primeiramente considerar que toda ação do Espírito Santo na história, sempre em vista do Reino de Deus, se realiza através de uma mediação humana. Como não existe ser humano em geral, essa ação não acontece num vazio antropológico, mas sempre num ser humano concreto, histórico, situado no interior de uma cultura e de uma sociedade. Esse é apenas um exemplo concreto de uma verdade mais ampla: toda ação salvífica de Deus deve ser captada como tal pelo ser humano para poder ser acolhida na fé. Portanto, acolhida no interior das coordenadas culturais e linguísticas dessa pessoa e, portanto, consequentemente será sempre uma fé inculturada. No nosso caso essa ação vinda de Deus tem como finalidade não só a pessoa individual, mas a mesma enquanto membro da comunidade eclesial em vista de uma configuração eclesial para um determinado momento histórico da Igreja.

O contexto sociocultural entra também em questão pois a realidade chamada Igreja só existe para levar à sociedade a mensagem salvífica de Jesus Cristo, para promover já na história o advento do Reino que terá na vida eterna a sua plenitude. Daí a pergunta: Como deve se configurar a Igreja para melhor desempenhar sua tarefa nesta atual sociedade, com suas luzes e suas sombras, com seus desafios e chances para torná-la mais humana e cristã? Mesmo que esta pergunta não tenha sido posta com essa evidência, não podemos negar que o Espírito Santo atuou desde o início da Igreja em homens e mulheres, social e historicamente situados, em vista da criação de estruturas, ministérios, opções teológicas, que respondiam às exigências daquele tempo para a Igreja levar a cabo sua missão. Naturalmente não podemos deixar de reconhecer que uma leitura meramente histórica ou sociológica também explica muito da configuração eclesial alcançada numa determinada época. Mas a atuação do Espírito se situa num outro nível ao iluminar e mover os membros da Igreja a tomarem consciência do que deve ser feito e levá-los à ação. Lembremos ainda que a comunidade eclesial é uma comunidade humana que extrai da realidade sociocultural o material para refletir a fé, estruturar-se como comunidade, enfatizar oportunamente certas características da mensagem evangélica para aquele momento histórico. Nada disso se opõe à afirmação da ação do Espírito Santo, já que é por ele pressuposta e instrumentalizada. Como consequência do que vimos até aqui, aparece a configuração eclesial, enquanto configuração, sempre histórica e sujeita à mudança sempre que as transformações socioculturais exijam, para que a Igreja possa ser entendida, ouvida e seguida pela sociedade. A Igreja então muda para poder continuar sendo Igreja: sinal e sacramento da salvação de Jesus Cristo, não só como verdade teológica, mas como realidade visível que assinala realmente o que é.

Outro ponto a ser considerado diz respeito aos componentes de uma determinada configuração histórica, já que alguns deles permaneceram e não mais podem ser eliminados, enquanto outros aparecem hoje como transitórios, já que os desafios do contexto histórico do passado que justificavam sua existência simplesmente já desapareceram. E há ainda um outro componente que deve ser mencionado. As configurações passadas não apenas refletem o que provém do Espírito Santo, mas também são resultantes da ambição, da vaidade, da vontade de poder, ou mesmo da ignorância humana.

Vejamos por partes. Certas características institucionais na Igreja, consideradas permanentes e, portanto, essenciais, têm sua origem no Jesus histórico ou no Senhor ressuscitado através de seu Espírito. Outras aparecem no Novo Testamento, mas acabaram desaparecendo. Também na história da Igreja esse fenômeno persistiu, como no caso dos sete sacramentos e no caso oposto das "ordens menores". Importante é notar que as características que persistem, embora nascidas no curso da história, devem já se encontrar no patrimônio revelado, ainda que implicitamente ou em germe.[27] É o que afirma a Constituição dogmática *Dei Verbum* do Vaticano II: a Sagrada Tradição, "oriunda dos apóstolos, progride na Igreja sob a assistência do Espírito Santo: cresce, com efeito, a compreensão tanto das coisas como das palavras transmitidas" (DV 8). Embora esse texto não diga respeito *diretamente* ao aspecto institucional da Igreja, serve, entretanto, também de fundamento para o mesmo. Conforme dissemos no início, ao definir o que entendemos por "configuração eclesial",

---

[27] Ver: RAHNER, K. Über den Begriff des "Jus divinum" im katholischen Verständnis. *Schriften zur Theologie V*. Einsiedeln, Benzinger Verlag, 1962.

esta não concerne diretamente à verdade revelada, mas à *forma* como se apresenta a Igreja, embora por detrás de certas configurações esteja uma determinada compreensão da verdade revelada, como nos demonstra Avery Dulles,[28] embora não possamos afirmar o mesmo de todas elas, devido às causas ambíguas de algumas, ou às pressões vindas de fora de outras determinadas configurações.

Instância de discernimento nesse caso é a própria Escritura, critério fundamental para uma reforma eclesial que buscará se desfazer de estruturas arcaicas ou não condizentes com o Evangelho, que significam mais obstáculos do que instrumentos para a missão da Igreja. Observação óbvia, mas de enorme significado em nossos dias.

Importante também é notar, como o faz J. Ratzinger,[29] que a transmissão da fé se dá não só pela doutrina e pelo culto, mas também pela vida. E na vivência concreta dos fiéis encontram-se também componentes da mesma não ainda verbalizados (não ditos), que poderão ser percebidos e aflorar à consciência da Igreja no curso da história devido à apropriação progressiva da verdade revelada (historicidade do conhecimento), devido à ótica de leitura respectiva iluminada pela ação do Espírito Santo. Observação importante também para uma *possível* nova configuração eclesial resultante da fé vivida em regiões periféricas, como veremos a seguir.

Podemos afirmar com Walter Kasper que "o vento sopra do Sul na Igreja"?[30] Se no passado houve, de fato, uma implantação de uma Igreja de cunho europeu nos demais continentes, ignorando as culturas locais, entretanto a atual consciência de fé da Igreja, magistério e fiéis, não mais aceita que algo semelhante se repita. Portanto, volta

---

[28] DULLES, A. *A Igreja e seus modelos*. São Paulo, Paulinas, 1978.
[29] RATZINGER, J. Kommentar zum II. Kapitel der Dogmatischen Konstitution über die göttliche Offenbarung. In: *Das Zweite Vatikanische Konzil. Kommentare*. Freibur, Herder, 1967, p. 518-521.
[30] KASPER, W. *A Igreja Católica*. São Leopoldo, Ed. Unisinos, 2012, p. 52. Ver ainda: GALLI, C. En la Iglesia sopla um viento del sur. *Teología* 49 (2012), p. 101-172.

a questão: Pode uma configuração eclesial particular ser assumida por outras Igrejas mesmo respeitando suas características próprias?

Já vimos que a configuração latino-americana resultou da ação do Espírito Santo, mesmo com as limitações de cunho cognitivo e moral. Pode ela ser acolhida pelas Igrejas de outras regiões? Aqui entra o segundo fator da configuração, a saber, os desafios socioculturais impostos à Igreja. Na medida em que tais desafios atingem também *outras* regiões do planeta, certamente a configuração local da América Latina ganha uma valoração que ultrapassa suas fronteiras. Podemos afirmar isso? Uma primeira resposta positiva se fundamenta na repercussão que experimentaram as Assembleias Episcopais do Celam e as teologias da libertação em outros continentes e até mesmo no magistério eclesiástico (Encíclica *Solicitudo rei socialis*). Esse fato indica desafios comuns, salvaguardando naturalmente as características locais. Sem dúvida, o atual fenômeno da globalização, cultural e econômica, nos facilita entender essa situação.

Mas esse fato indica também que a ação do Espírito Santo, embora aconteça sempre num contexto particular, pode estar destinada a *toda* a Igreja. Pois os desafios atuais atingem todo o planeta. Portanto, o Espírito Santo ao enfatizar numa Igreja local certas verdades da fé, inspirar ações correspondentes, gerar uma nova consciência eclesial, uma nova pastoral, uma nova estrutura institucional, enfim, uma nova configuração, pode destinar sua ação salvífica também para as demais Igrejas. Já Y. Congar reconhecia que a iniciativa de renovação eclesial vem não do centro, mas da periferia, não do alto, mas de baixo.[31]

---

[31] CONGAR, Y. *Vraie et fausse reforme dans l'Église*. Paris, Cerf, 1968, p. 251.

III. A ALEGRIA DO EVANGELHO E SUA INCIDÊNCIA EM NOSSA IGREJA

Salta aos olhos a vastidão deste tema. Pois, seja a riqueza da temática presente na Exortação apostólica do Papa Francisco, sejam as numerosas e variadas atividades pastorais desenvolvidas por nossa Igreja, exigiriam um estudo mais completo e um tempo mais longo de exposição. Por isso mesmo, tivemos que optar por um determinado enfoque que possibilitasse nossa exposição. Uma opção subjetiva, portanto incompleta e sujeita a correções. Não nos deteremos naquilo que já constitui uma realidade positiva na Igreja em nosso país. Buscaremos, isto sim, examinar os estímulos que podemos receber da Exortação apostólica *Gaudium evangelii* em vista de uma maior sintonia com a Igreja universal e de um melhor desempenho em nossa missão apostólica. Para isso, examinaremos como os fundamentos desta Exortação apostólica estão já presentes na eclesiologia do Concílio Vaticano II e também, especialmente, no *Documento de Aparecida*. Naturalmente compete à CNBB concretizar as orientações do Papa Francisco para o nosso contexto. Portanto, neste ponto, apenas farei breves menções em forma de perguntas.

Começaremos com uma parte inicial, de cunho histórico, para que melhor possamos compreender de onde parte a iniciativa de *renovação eclesial* do atual pontífice. Não podemos entender o presente senão à luz do passado. O conhecimento das transformações de cunho institucional ocorridas no passado nos torna mais receptivos às mudanças que os tempos atuais nos pedem. Numa segunda parte, exporemos temáticas que nos parecem marcantes no texto do Papa Francisco. Reconheço, de antemão, que certamente faltarão algumas questões, ou que algumas delas mereceriam um tratamento mais cuidadoso.

1. O que nos ensina a história

A história é fundamental para compreendermos a sociedade e a Igreja em que vivemos. Pois acertos e erros do passado repercutem ainda fortemente em nossos dias. A Igreja é uma realidade humano-divina. Enquanto *divina* existe por iniciativa do próprio Deus e goza de características que definem sua identidade teológica: a fé na pessoa de Jesus Cristo, a proclamação da Palavra de Deus, a missão pelo Reino de Deus, a celebração dos sacramentos, especialmente do batismo e da eucaristia, o ministério ordenado, a comunidade dos fiéis. Porém, ela é também uma *comunidade humana*, encarnada na história, já que seus membros vivem em contextos socioculturais e existenciais concretos. Somente enquanto são filhos da sociedade onde vivem, dispõem de uma linguagem, de instituições sociais, de parâmetros de comportamento que possibilitam tanto a convivência humana, quanto a professarem e viverem sua fé cristã como comunidade eclesial. Só configurando sua identidade teológica ao contexto onde se encontra, pode a Igreja *ser captada e entendida como Igreja*, e, portanto, realizar sua missão de proclamar a salvação de Jesus Cristo para o mundo. Caso contrário, ela será vista como realidade arcaica, peça de museu, não significativa nem pertinente para nossos contemporâneos.

E a história nos comprova que as sociedades, as mentalidades, as instituições sociais, as linguagens, os parâmetros de comportamento, *se transformam e se sucedem* no curso dos anos. E a Igreja deve poder ser captada, entendida, experimentada pela sociedade como sinal, sacramento da salvação de Jesus Cristo para o mundo. Caso contrário, ela será considerada realidade do passado, que nada tem a dizer para a vida atual. Portanto, ela deve mudar sua *configuração institucional* para manter sua identidade de mediação salvífica, que é afinal o sentido de sua existência. Daqui se explicam as mudanças históricas ocorridas no culto, nas expressões doutrinais, na organização comunitária, nas linhas pastorais, no serviço da caridade. Daí a afirmação de que a Igreja vive um *processo histórico contínuo* de institucionalizar a si própria. Se tivermos dificuldade em aceitar as mudanças que urgem, é porque uma determinada configuração institucional histórica *condiciona* nossa compreensão da própria Igreja, incapacitando-nos de imaginá-la diferente. Época de mudanças é igualmente época de resistências a mudanças.

As mudanças institucionais já aconteceram nos primeiros séculos devido aos diversos contextos das comunidades cristãs, mas a *era constantiniana* representa um marco decisivo na história da Igreja. Antes tolerado, disperso e perseguido, o cristianismo é elevado a religião oficial dotada de favores e benefícios, assumindo então do império a sua estrutura organizativa. O clero recebe importantes privilégios, os bispos são equiparados aos senadores e desempenham mesmo funções administrativas civis, o papa adquire posição imperial com as insígnias correspondentes, a liturgia adota um cerimonial com muitos elementos provenientes da corte. Sem negarmos as vantagens dessa mudança para a propagação da fé e o fortalecimento institucional da Igreja, devemos observar, entretanto, que a comunidade dos fiéis passa a ser simplesmente a própria sociedade, entendendo-se por Igreja a Igreja dos clérigos. Desaparece a distinção entre Igreja e sociedade e emerge mais fortemente outra: a distinção entre clero e laicato no interior da Igreja. Nessa época se valoriza muito a dimensão institucional plasmada pelo regime feudal estritamente hierarquizado: categorias de pessoas, status e prestígio social, fatores que em parte persistem até nossos dias.

A intromissão dos príncipes na nomeação dos bispos e os abusos do clero provocarão como reação a *reforma gregoriana*, alicerçada em princípios jurídicos para poder enfrentar o poder civil, que marcará profundamente a eclesiologia até hoje. Também a tendência ao centralismo papal se deve às mesmas razões, tornando a sede romana o eixo pelo qual Deus realiza seu desígnio salvífico, eixo este sustentado pelas estruturas jurídicas do feudalismo, que diminui bastante o papel dos bispos e das Igrejas locais com relação à realidade do primeiro milênio. A época posterior à *contrarreforma* fortalece a forma monárquica de governo reforçando as prerrogativas papais. Igreja significa cada vez mais a própria instituição e a hierarquia, sendo uma sociedade perfeita apta a realizar sua finalidade. O advento da *modernidade* questionará seriamente a posição da Igreja na sociedade, privando-a de sua anterior influência em muitos setores, de seus privilégios, do monopólio da educação e da assistência social. A perda do poder "para fora" é compensada por um aumento do poder "para dentro", seja do papa, das congregações romanas, dos núncios apostólicos. Havia então um clima de hostilidade com relação à modernidade, vista como inimiga da Igreja. Esta concentrava sua ação em se defender da sociedade hostil, em se perpetuar em sua configuração tradicional, em enfatizar o doutrinal e o jurídico, em controlar o espaço de liberdade e de reflexão em seu interior.

João XXIII intuiu bem que esta situação era absurda e que levaria a Igreja a se tornar um gueto na sociedade moderna. Daí conclamar o *Concílio Vaticano II* que aceita dialogar com a sociedade civil, avaliar a cultura da modernidade assumindo alguns de seus elementos, atualizar sua pastoral levando a sério o contexto vital dos católicos, promover a inculturação da fé e as Igrejas locais. O trabalho conjunto de uma plêiade de bispos e teólogos de grande competência recuperou as riquezas da teologia patrística, renovando a noção de revelação, da própria Igreja, da sua relação com o mundo, do culto litúrgico, do papel do laicato na missão eclesial, do diálogo com outros cristãos e com outras religiões. Embora muitas conquistas desse Concílio tenham chegado até nossos dias, sabemos que os anos turbulentos que se seguiram deram azo a uma *reação posterior*, que acentuou novamente a centralização romana, o controle da teologia, a hegemonia hierárquica, a uniformização da liturgia e o modesto papel do laicato. Não nos cabe julgar nossos antecessores e menos ainda suas intenções. Apenas constatar os fatos.

Vejamos de modo muito breve e incompleto a situação no Brasil. A união da Igreja e da Coroa na época colonial, no tempo do padroado, fez com que a Igreja se apoiasse no Estado e acabasse sendo vítima de uma fragilidade institucional, de uma pastoral de manutenção, de um pertencimento católico sem compromisso por parte do laicato. A crônica escassez de clero, as extensas regiões do país, a deficiente evangelização da população, irão ser remediadas em parte pela piedade medieval trazida de Portugal e responsável pela religiosidade popular do nosso povo. Portanto, um catolicismo fortemente devocional como hoje constatamos. Com o advento da República, a Igreja perde as regalias, mas ganha a liberdade. As mudanças ocorridas pela crescente modernização a partir de 1955 levarão a Igreja nos anos seguintes a se ocupar mais com as classes populares, a denunciar os abusos de autoridade do regime militar, a lutar pelos marginalizados na linha das Assembleias Episcopais do Celam, a promover as Comunidades Eclesiais de Base, embora essas opções pastorais tenham experimentado certo esfriamento nos últimos anos. O aumento de evangélicos, sobretudo pentecostais, a histórica passividade do laicato, a falta de leigos/as bem formados, o escasso contingente de clero para um país continental, a controvertida estrutura paroquial nos grandes centros, as crescentes desigualdades sociais, as rápidas e sucessivas transformações da sociedade e uma deficiente formação do clero para enfrentá-las, eis alguns dos desafios que hoje encontramos.

Por outro lado, o nosso atual contexto sociocultural não é exatamente o mesmo da época do Vaticano II. A atual sociedade se encontra sujeita ao critério supremo da razão que decai facilmente no *racionalismo*. Além disso, devido à forte hegemonia do setor econômico, vivemos uma racionalidade de cunho *funcional* voltada para a produtividade e o lucro. Acrescentemos ainda que a atual cultura *pluralista* com abundante oferta de sentidos e de orientações descarrega sobre o indivíduo o ônus de escolher que direção dar a sua vida, que referências e valores construirão sua autobiografia. E constatamos como os imperativos do bem-estar, da felicidade pessoal, do prazer imediato, do consumismo marcam a vida de muitos de nossos contemporâneos.

No momento em que os membros da Igreja estão vivendo *nesta atual sociedade* que os faz experimentar desafios existenciais, pluralidade de discursos, ausência de referências sólidas, condicionamentos culturais, individualismo reinante, excesso de informações, aceleração do tempo, superficialização da vida, é somente nessa *situação concreta* que poderão viver sua fé. Se continuarmos a insistir numa linguagem inadequada e ininteligível, embora correta e ortodoxa, em elaborarmos discursos doutrinários e morais sem considerar devidamente as pessoas concretas, em dar mais valor à letra do que ao espírito, então a mensagem evangélica perde seu *fascínio*, sua força atrativa, sua potencialidade de despertar esperança e felicidade, de aliviar sofrimentos e encorajar iniciativas benéficas. Então, as novas gerações poderão sentir-se distanciadas dessa instituição do passado, pesada, moralista, cujo discurso nem sempre é respaldado por seu testemunho de vida. O recurso a eventos de forte carga emotiva, em si positivo, pode enganar se não for seguido por um trabalho de evangelização em profundidade e de compromisso cristão no mundo.

2. A Igreja desejada pelo Papa Francisco

Embora nos limitemos às linhas eclesiológicas presentes na *Exortação apostólica "A alegria do Evangelho"*, observemos que este texto pós-sinodal sobre a Nova Evangelização é apresentado pelo Papa Francisco como um texto que "possui um significado programático e tem consequências importantes" (24). De fato, já no início ele declara que a Exortação quer "indicar caminhos para o percurso da Igreja nos próximos anos" (1). Mesmo reconhecendo de antemão que não poderemos abordar todos os pontos de seu programa, vamos tratar de alguns deles que nos parecem mais pertinentes.

A. Uma Igreja missionária e descentrada

Todo o sentido da vida de Jesus Cristo foi proclamar e realizar o *Reino de Deus* na humanidade. Sem este objetivo central sua pessoa se torna ininteligível. Esse projeto salvífico de Deus, que já tivera início no Antigo Testamento, chega a sua plenitude na pessoa de Jesus Cristo, que em suas ações e palavras revela o gesto salvífico do Pai, seu amor e sua misericórdia incondicionada. Esse Reino implica assumir o comportamento de Jesus que "passou por este mundo fazendo o bem" (At 10,38), mas conota também uma *dimensão social*, pois o indivíduo só pode ser feliz numa sociedade que reconheça e concretize o amor fraterno e a justiça. Essa tarefa de proclamar e realizar a Boa-Nova constitui o *objetivo da evangelização* e foi confiada por Jesus a seus discípulos e seguidores. Estes, portanto, constituem uma comunidade de fiéis, *constituem a Igreja*. Com outras palavras, todo o sentido da Igreja é estar a serviço da implantação do Reino de Deus; ela não é fim, ela é meio, instrumento de Deus, sinal e sacramento da salvação, pois deve visibilizar que esse Reino não é uma utopia, mas uma realidade no interior da história da humanidade pelo testemunho de vida dos cristãos.

Daí a afirmação do Papa Francisco: "a ação missionária é *o paradigma de toda a obra da Igreja*" (15). Com outras palavras, o *salvífico é prioritário* de tal modo que o doutrinal, o jurídico e o institucional estão a seu serviço e dele recebem seu sentido último. Esta era a convicção do próprio Jesus de Nazaré na crítica feita à religião de seu tempo. Esta era também a preocupação dos participantes do Concílio Vaticano II. Esta é ainda a razão de fundo para os pronunciamentos e decisões deste atual papa. Palavras como participação, descentralização, diálogo, espírito de serviço, sensibilidade humana, proximidade aos pobres e marginalizados, brotam de sua preocupação central com o Reino de Deus.

O Papa Francisco considera a Igreja como "de saída", a qual em sua estrutura e em sua atividade se torne "um canal proporcionado mais à evangelização do mundo atual que à sua autopreservação" (27), sabendo "sair da própria comodidade e ter a coragem de alcançar todas as periferias que precisam da luz do Evangelho" (20). Os evangelizadores devem contrair "o cheiro das ovelhas" (24). Daí o apelo à renovação de toda a sua pastoral (11), que pressupõe "uma conversão pastoral e missionária" na linha do *Documento de Aparecida* (25). Como não é fácil romper com a inércia do *status quo* bem conhecido e familiar, o papa convida "todos a serem ousados e criativos" (33) nessa tarefa de repensar a ação pastoral da Igreja.

Na fidelidade às diretrizes do *Documento de Aparecida* à Igreja do Brasil, nas últimas Diretrizes Gerais da Ação Evangelizadora, se considera "uma Igreja em estado permanente de missão" (DGAE 3.1), insistindo na formação de uma "consciência missionária" (DGAE 31), no anúncio do querigma (DGAE 32), na necessidade do testemunho pessoal (DGAE 33), na renovação das estruturas (DGAE 34) e na missão como fonte de todas as atividades (DGAE 35). Portanto, em perfeita sintonia com a Exortação apostólica. Porém, permanecem certas questões: Estamos realmente convencidos dessa verdade, nós todos, clero e laicato? Existem condições suficientes na Igreja para todos os católicos assumirem ativamente sua responsabilidade missionária? Não damos a impressão de nos preocuparmos com o enunciado doutrinal e com a norma canônica, em si necessários, mais do que com o anúncio da pessoa de Jesus Cristo? Não esconde o peso estático da instituição eclesial a verdade de uma comunidade viva e missionária? Não se encontra diminuído em parte do clero o zelo pastoral pelo impacto da atual sociedade (80)?

B. Uma Igreja configurada colegialmente

Já no Concílio Vaticano II era evidente a preocupação dos bispos em equilibrar a noção do *primado* conforme definida no Vaticano I e que ficara incompleta pela interrupção forçada deste Concílio. Basta que examinemos o número de intervenções sobre este tema. Mesmo sem entrarmos em detalhes e discussões posteriores, podemos afirmar que a Constituição dogmática *Lumen gentium* fundamenta uma importante revalorização do corpo episcopal. Os bispos recebem o cargo de ensinar, santificar e governar do *próprio Senhor Jesus Cristo*, e não indiretamente do papa, como se afirmava anteriormente, não podendo ser considerados "vigários do Sumo Pontífice" (LG 27), embora só possa ser exercido tal múnus em comunhão com a cabeça e com os demais membros do colégio episcopal. Este colégio com o papa constitui a instância da autoridade suprema na Igreja, embora o papa conserve seu poder primacial (LG 22). Consequentemente, as Igrejas locais podem ser por si mesmas sujeitos de pleno direito, bem como responsáveis pelas demais, sobretudo de sua região, o que na linha das antigas Igrejas patriarcais irá constituir as Conferências Episcopais (LG 23).

O papel da *sede romana* como sinal da unidade da Igreja é de fortalecer a comunhão entre as Igrejas locais, não assumindo suas funções e competências. No primeiro milênio da Igreja era viva e atuante esta "eclesiologia de comunhão", sendo que a estrutura patriarcal mantinha a diversidade e a unidade da Igreja. O patriarca num regime sinodal, isto é, com os demais bispos, resolvia as questões de cunho litúrgico ou de direito canônico. A uniformidade do direito eclesiástico, da liturgia e o controle das sedes episcopais por Roma não provêm necessariamente do primado como tal.

Embora a doutrina conciliar tenha produzido mudanças que revalorizaram o episcopado no seio da Igreja (Sínodo dos bispos, Conferências Episcopais nacionais e regionais), não podemos negar um *retrocesso* para uma centralização indevida. Tal já aparece no Novo Código de Direito Canônico (1983), que teve que completar o que os padres conciliares não fizeram, a saber, a forma jurídica das reformas desejadas, fazendo-o entretanto *de modo unilateral,* prescrevendo estreita dependência dos bispos com relação ao papa. O *motu proprio Apostolos suos* (1998) retira das Conferências Episcopais seu magistério doutrinal, exigindo unanimidade nas decisões, e privando-as de desempenhar um papel análogo ao dos patriarcados. A fragilidade de certas Igrejas locais, sua incapacidade para enfrentar problemas doutrinais, o impacto de uma sociedade pluralista, *podem explicar* em parte essa preocupação do governo da Igreja, mas suas *funestas consequências* são experimentadas por todos nós: nomeação de bispos que fortalecessem essa centralização romana, incentivo ao carreirismo eclesiástico, volta a uma Igreja de poder e prestígio, esfriamento de sua dimensão profética, queda em seu compromisso com os mais pobres, ênfase em seu aspecto institucional e jurídico, emergência de um clero mais voltado para o culto e o poder.

O Papa Francisco pleiteia na linha de Aparecida uma *reforma das estruturas,* as quais devem ser "mais missionárias" (27), pois "há estruturas eclesiais que podem chegar a condicionar um dinamismo evangelizador" (26). E afirma incisivamente: "Uma centralização excessiva, em vez de ajudar, complica a vida da Igreja e sua dinâmica missionária" (32). Com relação às Conferências Episcopais seu pensamento é claro:

> O Concílio Vaticano II afirmou que, à semelhança das antigas Igrejas patriarcais, as Conferências Episcopais podem "aportar uma contri-

buição múltipla e fecunda, para que o sentimento colegial leve a aplicações concretas" (LG 23). Mas este desejo não se realizou plenamente, porque ainda não foi suficientemente explicitado um estatuto das Conferências Episcopais que as considere como sujeitos de atribuições concretas, incluindo alguma autêntica autoridade doutrinal (32).

E acrescenta noutra parte: "Não convém que o papa substitua os episcopados locais no discernimento de todas as problemáticas que sobressaem nos seus territórios" (16).

Creio que o papa espera maior colaboração das Conferências Episcopais para o desempenho de seu múnus petrino. Alguns exemplos: a nossa Igreja apresenta uma ausência de celebração da eucaristia em muitas comunidades. Mesmo reconhecendo nelas a presença atuante da Palavra de Deus, como deveria o episcopado brasileiro tratar dessa lacuna? Ou considerar uma possível revisão da linguagem litúrgica que pudesse realmente ser entendida pelo nosso povo? Ou ainda pleitear maior participação das Igrejas locais na nomeação de novos bispos?

C. Uma Igreja inculturada

Intimamente relacionada com a Igreja local está a questão da inculturação da fé. Vejamos. A iniciativa salvífica de Deus só chega a sua meta quando é *livremente acolhida* pelo ser humano na fé. Só temos propriamente revelação ou Palavra de Deus no interior de uma resposta de fé, ela mesma fruto da ação de Deus em nós. Portanto, o acolhimento na fé é *parte constitutiva da revelação*; sem ela os eventos salvíficos seriam meros fatos históricos, a Palavra de Deus seria palavra humana e a pessoa de Jesus Cristo nos seria desconhecida, como o foi para os fariseus de seu tempo. Porém, o ser humano que professa sua fé vive necessariamente num contexto sociocultural que lhe fornece linguagem, valores, padrões de comportamento, vida social e capacidade de se desenvolver como ser humano. Portanto, *ao captar e acolher a Palavra de Deus* o ser humano o estará fazendo necessariamente dentro de sua cultura própria. Assim, só podemos encontrar a Palavra de Deus ou o Evangelho *já inculturados*.

Sendo a fé o fundamento da comunidade eclesial, como nos ensina Santo Tomás de Aquino, encontra-se a Igreja enquanto *comunidade de fiéis* inevitavelmente no interior de uma cultura que determinará como seus membros entendem e vivem a fé cristã. Desse modo, a *Igreja local* implica sempre uma Igreja inculturada. Portanto, se quer *ser entendida* como sinal da salvação, ela deve assumir a linguagem, as categorias mentais, os gestos, os costumes, o saber e as artes da cultura onde se encontra inserida, como tanto insistia João Paulo II. Entretanto a cultura não é uma realidade estática, mas propriamente um processo, devido aos novos desafios de dentro e de fora que a atingem. Portanto, deve a comunidade eclesial saber acolher em si as transformações necessárias para poder levar a cabo sua missão. O Concílio Vaticano II expõe este ensinamento no Decreto *Ad gentes* sobre a atividade missionária da Igreja (AG 15; 22).

Francisco acolhe sem mais a antropologia cultural subjacente ao texto conciliar e termina taxativamente: "A graça supõe a cultura, e o dom de Deus encarna-se na cultura de quem o recebe" (115). Desse modo, "o cristianismo não dispõe de um único modelo cultural, mas permanecendo o que é, (...) assumirá também o rosto das diversas culturas e dos vários povos onde for acolhido e se radicar" (116). E fazendo suas as afirmações anteriores de João Paulo II sobre esta temática, assevera que "cada cultura oferece formas e valores positivos que podem enriquecer o modo como o Evangelho é pregado, compreendido e vivido" e assim manifesta a Igreja sua catolicidade (116). Reconhece o papa que o processo de inculturação é lento e exige das Igrejas locais criatividade e ousadia (129). Pensemos em nosso país com uma rica diversidade cultural (DGAE 73), mas que, apesar de algumas iniciativas locais, emprega as mesmas expressões, os mesmos ritos, as mesmas linhas pastorais. Não seria o momento de reivindicar certa liberdade para os regionais da CNBB assumirem mais as culturas locais? Não confundimos, às vezes, unidade com uniformidade (117)? Somos fiéis a uma formulação, mas transmitimos realmente a substância da verdade salvífica (41)? Buscamos novos sinais, novos símbolos, nova carne, para a transmissão da Palavra de Deus (167)?

D. Uma Igreja de discípulos missionários

Todos os membros da Igreja constituem o povo de Deus, todos estão, portanto, incumbidos de proclamar a Boa-Nova de Jesus Cristo para a sociedade. Devemos corrigir uma imagem de uma Igreja clerical ativa diante de um laicato passivo. Todos na Igreja gozam de igual "dignidade e ação comum" (LG 32), todos participam ativamente da ação evangelizadora da Igreja no mundo, sentido último da própria comunidade eclesial que eles próprios constituem. Portanto, todos na Igreja (LG 30), pelo fato de serem batizados (LG 33), independentemente de sua condição no interior dela, devem anunciar a salvação de Cristo e promover os valores evangélicos na sociedade, sendo assim *sujeitos ativos* na Igreja. Portanto, *todo católico é sujeito eclesial por ser batizado* e não por alguma delegação posterior da autoridade. Daí brotam "o direito e o dever" de exercer seus carismas para o bem dos homens e a edificação da Igreja (AA 3). A ação pastoral no interior da Igreja vai ser incrementada nos anos posteriores ao Concílio pela renovação dos ministérios, abrindo assim *novos campos* de atuação (catequese, promoção humana, obras de caridade, coordenação pastoral, assessoria das mais diversas, animação litúrgica, ensino teológico).

Observemos que o *Documento de Aparecida*, no qual o atual papa, teve influência direta como presidente da Comissão de Redação, acolhe o ensinamento conciliar, reconhece os leigos e leigas como "verdadeiros sujeitos eclesiais", interlocutores competentes entre a Igreja e a sociedade (DAp 497a), recomendando que os bispos devam "abrir para eles espaços de participação e confiar-lhes ministérios e responsabilidades" (DAp 211). Dotados de uma formação adequada

(DAp 212), devem os fiéis leigos/as "ser parte ativa e criativa na elaboração e execução de projetos pastorais a favor da comunidade" (DAp 213), participando "do discernimento, da tomada de decisões, do planejamento e da execução" (DAp 371). Naturalmente o mesmo documento adverte para a necessidade de uma *mudança de mentalidade* de todos na Igreja, especialmente da hierarquia (DAp 213).

Francisco, em sua Exortação apostólica, deixa bem claro que irá insistir nessa conquista do Concílio Vaticano II enfatizada na Assembleia Episcopal em Aparecida: "Cada um dos batizados, independentemente da própria função na Igreja e do grau de instrução da sua fé, é um sujeito ativo de evangelização" (120). A missão não é apenas um ornamento ou um apêndice na pessoa do cristão; é algo que não se pode arrancar de si sem se destruir (273). Mesmo mencionando a necessidade de uma melhor formação (121), o papa insiste na evangelização pelo *contato pessoal* (127), já que se trata de comunicar aos outros a própria experiência salvífica do encontro com Jesus Cristo, à semelhança dos primeiros discípulos, da samaritana e de Paulo (120). Mas também reconhece a dificuldade dos leigos/as por não encontrarem espaço nas Igrejas locais, em parte devido a um excessivo clericalismo (102). Sem dúvida alguma, a Igreja no Brasil carece de um laicato bem formado, não só com atuação restrita às tarefas pastorais tradicionais, mas realmente empenhado em testemunhar sua fé nos areópagos modernos, sobretudo nos campos do saber e nos locais onde atuam. O que falta? Incentivo da hierarquia? Liberdade de expressão? Deficiência intelectual nos responsáveis? Força do clericalismo? Trabalhamos realmente para convencer os leigos/as, mesmo os mais simples, de que são *capazes* para a missão? Priorizamos uma sólida formação do clero, humana e espiritual, filosófica e teológica, mesmo tendo que rever as estruturas desta formação (Discurso do Papa ao Episcopado Brasileiro n. 4)? Como tornar tal formação não apenas algo a ser sabido, mas principalmente a ser vivido?

E. Uma Igreja que testemunhe na vida a sua fé em Jesus Cristo

Sem desconhecer os exemplos de tantos cristãos que viveram sua fé de modo autêntico e generoso, não podemos deixar de caracterizar a Igreja que *herdamos* como uma realidade na qual o doutrinal dominava o existencial, o jurídico se impunha ao sacramental, o institucional prevalecia sobre o místico, certo tradicionalismo impedia renovações urgentes, o medo da novidade impedia o eclodir de novos caminhos evangelizadores, a mentalidade do poder eclesiástico emudecia a verdade do serviço eclesiástico. Toda renovação eclesial implica um retorno ao mais nuclear da fé cristã, à *vivência cristã das primeiras comunidades*, talvez encobertas pelas doutrinas, normas, regulamentações, tradições que se lhes agregaram ao longo da história, certamente para explicitar e salvaguardar esse núcleo evangélico, mas que não deixaram de obscurecê-lo por ocuparem um lugar central que não é o seu. Esse fato não passou desapercebido ao Papa Francisco, como iremos ver.

Primeiramente ele enfatiza a importância decisiva do Espírito Santo na vida da Igreja. De fato, se a Igreja é a comunidade dos que creem em Jesus Cristo, então toda ela está fundamentada na ação do *Espírito Santo*. Pois só podemos confessar Jesus Cristo como Senhor pela ação do Espírito Santo (1Cor 12,3). É a participação de todos no mesmo Espírito que gera a comunhão (2Cor 13,13: genitivo objetivo). O Espírito que esteve presente e atuante na existência de Jesus continua atuando hoje nos cristãos (LG 7). Francisco distingue uma evangelização vista como "um conjunto de tarefas vividas como obrigação pesada" da "*evangelização com espírito*", isto é, "com o Espírito Santo, já que ele é a alma da Igreja evangelizadora" (261). E completa: "Para manter vivo o ardor missionário, é necessária uma decidida confiança no Espírito Santo", pois "não há maior liberdade do que a de se deixar conduzir pelo Espírito", "permitindo que ele nos ilumine, guie, dirija e impulsione para onde ele quiser" (280).

Numa época marcada pela inflação de palavras através dos vários meios de comunicação social e também de certo ceticismo com relação às ideologias e cosmovisões, ganha a *experiência pessoal* um peso enorme para fundamentar as convicções pessoais. Essa realidade atinge também a fé dos cristãos. Esta resulta de uma iniciativa de Deus de vir ao nosso encontro, doando a si próprio em Jesus Cristo e no Espírito Santo, iniciativa que se realiza plenamente ao ser acolhida pelo cristão na fé. Portanto, a fé é um *evento salvífico* na vida da pessoa que é, de certo modo, por ela experimentado. Esta experiência atinge o coração de cada um, não só dando sentido à existência humana, mas também consolando, fortalecendo e iluminando os que a fazem. É a experiência do amor, da bondade e da misericórdia de Deus, realidade prioritária e fundamental em nossa vida. O papa bate na mesma tecla ao enfatizar a importância da experiência pessoal com Jesus Cristo, do amor de Deus que ele nos revela. Em suas palavras: "O verdadeiro missionário (...) sabe que Jesus caminha com ele, fala com ele, respira com ele, trabalha com ele" (266).

Ao iniciar sua vida pública Jesus proclama: "Completou-se o tempo, e o Reino de Deus está próximo. Convertei-vos e crede na Boa-Nova" (Mc 1,15). É uma *conversão* intimamente relacionada com o Reino de Deus, pois significa acolher na fé a salvação definitiva de Deus na pessoa de Jesus Cristo como núcleo da própria existência. Esta conversão deve estar presente na vida do cristão como uma *atitude de fundo* que o acompanha sempre. E também na vida da Igreja, seja em sua consciência, seja em suas instituições. Esta exigência aparece claramente no *Documento de Aparecida*, tanto em seu aspecto pessoal (DAp 366), que inclui uma mudança de mentalidade eclesial por parte de todos, especialmente do clero (DAp 213), quanto em sua dimensão institucional (DAp 365), acionada pelo que o texto chama de *conversão pastoral*. Francisco demonstra clara consciência do desafio da renovação eclesial e conclama todos a uma "conversão pastoral e missionária" na linha de Aparecida

(25). Entretanto o papa *inova* ao apontar bem *concretamente* o que necessita de conversão: mundanismo espiritual dos que buscam a si próprios, a glória humana e o bem-estar pessoal sob as aparências de religiosidade (93), uma fé prisioneira de um racionalismo subjetivo ou de "uma suposta segurança doutrinal ou disciplinar que dá lugar a um elitismo narcisista e autoritário, onde, em vez de evangelizar, se analisam e classificam os demais" (94). Menciona ainda o exibicionismo na liturgia, na doutrina e no prestígio da Igreja, o fascínio das conquistas pessoais e autorreferenciais, bem como das estatísticas e das avaliações. E termina: "Quem caiu nesse mundanismo olha de cima e de longe, rejeita a profecia dos irmãos, desqualifica quem o questiona, faz ressaltar constantemente os erros alheios e vive obcecado pela aparência" (97). E conclui: "Deus nos livre de uma Igreja mundana sob vestes espirituais e pastorais!" (97). Os objetivos de conversão elencados pelo papa são bastante claros. Incumbe-nos saber como realizá-los. Como valorizar o papel do Espírito Santo na vida e na missão dos fiéis? Como levar adiante uma pastoral mistagógica? Como proporcionar um encontro pessoal de cada um com Jesus Cristo? Como fazê-lo ultrapassar uma religião de práticas e normas? Como ser uma Igreja da "misericórdia gratuita" (114)? Como combater o individualismo que atinge a todos nós na Igreja (DGAE 22) e viver a gratuidade do amor cristão?

F. Uma Igreja dos pobres

Conhecemos a tentativa de um grupo de bispos, por ocasião do *Concílio Vaticano II*, em promover maior simplicidade e austeridade na Igreja. Estavam bem conscientes de que muitos símbolos de poder e riquezas foram se agregando ao longo dos séculos à instituição eclesial. Contudo, tais esforços apenas resultaram numa pequena menção, meio perdida no interior de um texto conciliar: "... assim como Cristo realizou a obra da redenção na pobreza e na perseguição, assim a Igreja é chamada a seguir pelo mesmo caminho para comunicar aos homens os frutos da redenção" (LG 8). Entretanto, sabemos também que os bispos latino-americanos, na linha traçada pela *Gaudium et spes*, voltaram-se para a sofrida existência da grande população deste subcontinente e através das *Assembleias Gerais do Celam* (Medellín, Puebla, Santo Domingo, Aparecida) enfatizaram a opção pelos pobres, a luta por uma sociedade mais justa, a denúncia de ideologias desumanizantes. Certos exageros de cunho ideológico e certa resistência em abandonar vantagens adquiridas propiciaram uma reação por parte do Vaticano. Bispos e padres mais identificados com a causa dos pobres viram-se olhados com suspeita, criticados e mesmo marginalizados, arrefecendo assim todo um ardor de cunho eminentemente evangélico.

Felizmente em Aparecida os bispos participantes reagiram, não se contentando com uma Igreja voltada para os pobres, mas exigindo que o imperativo da pobreza evangélica atingisse também as pastorais e as instituições da Igreja. E a razão dada era sempre a mesma: "A Igreja deve cumprir sua missão seguindo os passos de Jesus e adotando suas atitudes" (DAp 31). O texto reconhece que nos afastamos do Evangelho e que devemos adotar "um estilo de vida mais simples, austero e solidário, mais fiel à verdade e à caridade" (DAp 100h). Para que essas belas palavras não permaneçam inócuas, sem verdadeira incidência em nossos comportamentos e decisões, é necessário que se manifestem em *opções e gestos concretos*, tais como saber escutar os pobres, dedicar-lhes tempo, acompanhá-los nas horas mais difíceis (DAp 397). Não se nega que isto já esteja acontecendo, mas aqui se trata de urgir toda a Igreja, seu modo de vida, sua atividade pastoral e suas estruturas, mesmo reconhecendo que o problema da pobreza no mundo é bastante mais complexo. Quando será a Igreja verdadeiramente a "casa dos pobres de Deus" como afirma o texto de Aparecida (DAp 524)?

Ao tratar da dimensão social da evangelização no capítulo IV da Exortação apostólica, o *Papa Francisco* inicia com uma afirmação que diz tudo: "Evangelizar é tornar o Reino de Deus presente no mundo" (176). Pois o mesmo não é apenas uma realidade espiritual, mas atinge o ser humano em todas as suas dimensões, de tal modo que afirma mais adiante: "Deus, em Cristo, não redime somente a pessoa individual, mas também as relações sociais entre os homens" (178); daí que "na medida em que ele conseguir reinar entre nós, a vida social será um espaço de fraternidade, de justiça, de paz, de dignidade para todos" (180). De fato, no Novo Testamento se exprime a absoluta prioridade da "saída de si próprio para o irmão" como um dos fundamentos de toda norma moral e critério de crescimento espiritual (179). Daí o papa poder afirmar: "Uma fé autêntica, que nunca é cômoda ou individualista, comporta sempre um profundo desejo de mudar o mundo, transmitir valores, deixar a terra um pouco melhor depois da nossa passagem por ela" (183).

O papa lembra que "cada cristão e cada comunidade são chamados a ser instrumentos de Deus a serviço da libertação e promoção dos pobres" (187) e insiste na palavra "solidariedade" enquanto expressa "uma nova mentalidade que pense em termos de comunidade, de prioridade da vida de todos sobre a apropriação dos bens por parte de alguns" (188), sobretudo hoje quando experimentamos na sociedade "um novo paganismo individualista" (195). Assim, não nos admira que Francisco tenha recebido fortes críticas de certos setores da sociedade. Ele retoma com força a opção pelos pobres ao afirmar sem rodeios: "desejo uma Igreja pobre para os pobres", e reafirma a experiência da Igreja latino-americana de que os pobres nos evangelizam (198). Para ele o anúncio do Reino hoje só se torna *significativo e digno de fé* se for acompanhado de uma proximidade real com os pobres (199). Termina lamentando o que estes últimos sofrem por falta de cuidado espiritual (200). Daí nos perguntarmos: Num mundo onde a maioria da população carece dos bens necessários a uma vida digna, como levar a Igreja a uma vida simples e sóbria? Como evitar que caia no "mundanismo espiritual" (207) por não se ocupar com os mais pobres? Como formar o clero para resistir à tentação de ascensão social, poder e consumo de bens, incutida pela atual sociedade? Como ir ao encontro dos marginalizados, dos inúteis, dos excluídos da atual sociedade?

Como disse ao início desta exposição, ela não exaure toda a riqueza temática da Exortação papal, mas procurou deixar clara a intenção do atual pontífice de empreender uma *renovação eclesial*. E certamente a colaboração de cada um de nós será decisiva para a missão da Igreja em prol do Reino de Deus.

IV. REFORMA ECLESIAL E MÍSTICA DA FÉ

Experimentamos hoje como mudou a vida numa sociedade marcada pela aceleração do tempo, pelo bombardeio contínuo de novas informações, pela hegemonia de uma racionalidade de tipo funcional, pelo livre pluralismo de mentalidades e opiniões, pela consequente erosão de valores e de referências sólidas, pela ambiguidade do sagrado no âmbito social, enfim, fatores estes que levaram muitos de nossos contemporâneos a viverem num *mundo fechado* a qualquer realidade transcendente, como tão bem analisou Charles Taylor.[1] Para completar o quadro, poderíamos acrescentar o afã por dinheiro, a impiedosa concorrência professional, o excesso de horas de trabalho, a aceleração da vida cotidiana, tudo provocando uma superficialidade de vida e um consumismo desenfreado. Reconheçamos também que nesta *platitude unidimensional* da atual sociedade emergem vozes, algumas delas sem referência alguma a Deus, que clamam por justiça no mundo, que anseiam por sentido em suas vidas, que denunciam a destruição do meio ambiente, que se comprometem com os mais pobres e que lutam pela paz em nosso planeta.

Por outro lado, sem que possamos generalizar, convivemos com uma Igreja moldada estruturalmente com forte influência do feudalismo, da época da cristandade, com seus acertos e deficiências, cristalizados em devoções, práticas e ritos, bem como num predomínio

---

[1] TAYLOR, Ch. *Uma era secular*. São Leopoldo, Ed. Unisinos, 2010, p. 634-696.

do doutrinal, do jurídico e do estritamente hierárquico. O Papa Francisco em sua Exortação apostólica *Evangelii gaudium* denuncia já certa ênfase no administrativo, no sacramental, no institucional (EG 63) que pode gerar uma Igreja mundana sob vestes espirituais ou uma aparência religiosa vazia de Deus (EG 97). Em nossa atual sociedade tais características dificultam sobremaneira que a Igreja seja captada em sua autêntica verdade, em sua realidade salvífica, em sua missão de propagar o Reino de Deus e de humanizar a sociedade. A renovação eclesial passa necessariamente por uma nova configuração institucional,[2] mantidos seus componentes teológicos provenientes da revelação, que permita melhor transparecer a comunhão dos fiéis, a participação ativa de todos seus membros, a incumbência missionária de todo batizado.

Nossa reflexão pretende abordar apenas *um ponto* que nos parece *central* para uma autêntica reforma da Igreja. Poderíamos justificá-lo a partir da valorização da *experiência pessoal* como referência mais confiável na atual inflação de discursos que se relativizam e mutuamente se destroem. Entretanto, o motivo decisivo que nos levou à escolha deste tema provém da própria fé cristã. O cristianismo nasceu da experiência salvífica dos primeiros discípulos com a pessoa de Jesus Cristo. E é esta experiência de Deus que mantém viva a fé cristã ao longo da história. Faltando este encontro pessoal com Deus, este acolhimento consciente de sua autodoação divina, a Igreja estaria reduzida a realidades externas que não se sustentam sem estarem referidas a esse núcleo experiencial presente na vivência da fé. Tentação forte, pois nos detemos mais facilmente no que é visível, mensurável, explicável, do que naquilo que se situa num nível mais profundo da realidade e das pessoas, tentação essa também atuante quando consideramos a Igreja.

---

[2] Sobre esta noção, ver: FRANÇA MIRANDA, M. *A Igreja numa sociedade fragmentada*. São Paulo, Loyola, p. 128-139; Id. A configuração eclesial latino-americana: iniciativa do Espírito para a Igreja Universal? *Revista Teologia* 52 (2015), p. 118s.

Iniciaremos apresentando como o Papa Francisco demonstra ter captado esse desafio da atual sociedade ao enfatizar a *mística da fé* como elemento fundamental em sua reforma eclesial. Numa segunda parte, vamos fazer emergir a *fundamentação teológica* das afirmações deste papa. Inicialmente oferecendo o fundamento primeiro de toda a nossa reflexão, a saber, *a concepção cristã do ser humano*. Em seguida examinando como nessa antropologia concebida à luz da revelação estão implicados *Jesus Cristo e o Espírito Santo*. No interior desse quadro salvífico de fundo aparecerá a fé vivida como uma *experiência mística primordial*, presente, atuante e decisiva tanto na reflexão teológica quanto na pastoral da Igreja. Somente então poderemos melhor compreender e valorizar a insistência do Papa Francisco em prol de uma vivência autêntica da fé por parte dos cristãos.

1. A mística da fé: coração da reforma eclesial de Francisco

Para Francisco, o núcleo da fé cristã está "no amor salvífico de Deus manifestado em Jesus Cristo" (EG 36), constituindo seu "anúncio fundamental" (EG 128) e o centro da evangelização e da reforma da Igreja (EG 164). Este anúncio é anterior a qualquer obrigação moral e religiosa (EG 165).[3] Ter fé consiste em *acolher esse amor primeiro*, em "responder a Deus que nos ama e salva" (EG 39), que nos dá o sentido da vida (EG 8) e uma alegria profunda (EG 7). Nesta experiência iluminada pela pessoa e pela vida de Jesus Cristo nasce "uma relação pessoal e comprometida com Deus" (EG 91), experiência esta que faz do cristão um evangelizador (EG 120).

Desse modo, o papa reconhece o perigo de termos uma Igreja encerrada em estruturas, normas e hábitos (EG 49), com predomínio do aspecto administrativo e sacramentalista (EG 63), podendo

---

[3] SPADARO, A. *Entrevista exclusiva do Papa Francisco*. São Paulo, Paulus/Loyola, 2013, p. 22.

acabar "submersa pelo mundanismo espiritual, dissimulado em práticas religiosas, reuniões infecundas ou discursos vazios" (EG 207). Seu *objetivo* é o que ele expressa como "recriar a adesão mística da fé" (EG 70). Pois sabe que é inútil querer transmitir uma imensidade de doutrinas a força de insistir (EG 35). Pois "não é possível empenhar-se em coisas grandes apenas com doutrinas, sem uma mística que nos anima, sem uma moção interior que impele, motiva, encoraja e dá sentido à ação pessoal e comunitária" (LS 216).

Naturalmente, o papa não esconde que acolher na fé e na vida o amor gratuito de Deus nos leva a fazer de nossa vida uma aventura, porque Deus é e será sempre *mistério* para o ser humano que jamais pode abarcá-lo num conceito, mas que pode ser encontrado no próprio caminhar da vida de fé. Basta que façamos uma leitura à luz da fé em nossas vidas para detectarmos a presença atuante de Deus em nossa história, embora de modo misterioso. Nas palavras do próprio papa: "A atitude correta é a agostiniana: procurar a Deus para o encontrar e encontrá-lo para o procurar sempre"[4]. Daí o erro de querer fixar Deus numa tradição, numa visão estática, numa segurança doutrinal, fazendo da fé uma ideologia, pois Deus está na vida de cada pessoa. Daí também a necessidade do *discernimento*.[5] Pois Deus está presente nas casas, ruas e praças da cidade, pois "acompanha a busca sincera que indivíduos e grupos efetuam para encontrar apoio e sentido para a sua vida. Ele vive entre os citadinos promovendo a solidariedade, a fraternidade, o desejo de bem, de verdade, de justiça" (EG 71). Não podemos reduzir a missão a um projeto empresarial ou a uma organização humanitária, pois "o Espírito Santo trabalha como quer, quando quer e onde quer" (EG 279). Importante mesmo é nele confiarmos, invocando-o constantemente e "permitindo que ele nos ilumine, guie, dirija e impulsione para onde ele quiser" (EG

---

[4] Ibid., p. 28.
[5] Ibid., p. 29.

280). Pois a ação do Espírito desperta nas pessoas e nos povos a ânsia de conhecer a verdade acerca de Deus, do ser humano, da libertação do mal. Pois todos fomos criados para o que nos propõe o conteúdo essencial do Evangelho: o amor a Deus e o amor fraterno (EG 265).

Naturalmente a atração exercida por Deus, através do Espírito Santo, em todos os seres humanos se mostra nos "inúmeros sinais da sede de Deus, do sentido último da vida, ainda que muitas vezes expressos implícita ou negativamente" (EG 86). Porque "a fé conserva sempre um aspecto de cruz, certa obscuridade que não tira a firmeza da adesão" (EG 42). E essa atração pode também se expressar erradamente num "consumismo espiritual à medida do próprio individualismo doentio", num culto a "Jesus Cristo sem carne e sem compromisso com o outro", com "propostas alienantes" que "não humanizam", a tal ponto que "mais do que o ateísmo, o desafio hoje é responder adequadamente à sede de Deus de muitas pessoas" (EG 89).

Daqui podemos entender a ênfase do papa no valor da *religiosidade popular* enquanto tem como protagonista o próprio Espírito Santo (EG 122), responsável pelo *instinto da fé* (*sensus fidei*) (EG 119),[6] e enquanto traduz uma sede de Deus que somente os pobres e os simples podem experimentar, capacitando-os para a generosidade e o sacrifício (EG 123). Trata-se, portanto, realmente de uma "mística popular", expressa por símbolos simples, porém acentuando "mais o *credere in Deum* que o *credere Deum*" (EG 124), a saber, a reta intencionalidade da fé ao acolher a oferta salvífica de Deus na força do Espírito, proporcionando-lhe uma singular força missionária.

Já que a fé cristã é o acolhimento não de ideias, mas do próprio Deus que se doa a nós, este acolhimento implica também de nossa parte uma doação a Deus na pessoa de nosso próximo. Com isso

---

[6] VITALI, D. Una Chiesa di popolo: il *sensus fidei* come principio dell'evangelizzazione. In: YANEZ SJ, H. M. (ed.). *Evangelii gaudium: il texto ci interroga*. Roma, Gregorian & Biblical Press, 2014, p. 53-66.

crescemos no conhecimento de Deus (1Jo 4,7), descobrimos algo de novo sobre Deus (EG 272), e sobretudo demonstramos a autenticidade da nossa fé, pois "uma fé autêntica, que nunca é cômoda ou individualista, comporta sempre um profundo desejo de mudar o mundo, transmitir valores, deixar a terra um pouco melhor depois de nossa passagem por ela" (EG 183). Não podemos ficar prisioneiros somente de ideias ineficazes, que "classificam e definem, mas não empenham" (EG 232). A Palavra se encarnou em Jesus e deve continuar se encarnando ao longo da história, através de obras de justiça e caridade nas quais ela se torna fecunda (EG 233). Pois "uma relação pessoal e comprometida com Deus nos compromete ao mesmo tempo com os outros" (EG 91). Daqui podemos entender a afirmação do Papa Francisco, tão importante em nossa atual cultura imanente e submissa ao consumismo: "Estou convencido de que, a partir de uma *abertura à transcendência*, poder-se-ia formar uma nova mentalidade política e econômica que ajudaria a superar a dicotomia absoluta entre a economia e o bem comum social" (EG 205).

Se fôssemos sintetizar a concepção evangelizadora do Papa Francisco, sua compreensão da atividade missionária da Igreja, sua visão da própria vida cristã, podemos afirmar que ela deve partir de uma *experiência pessoal de Deus*, de uma vida transfigurada pelo Espírito Santo, de uma pastoral que arranca de uma mística, a mística de um Deus que é amor e misericórdia, fonte de alegria e de paz (EG 6) e que constitui a realidade que devemos levar aos demais (EG 264).

2. A teologia subjacente aos pronunciamentos do Papa Francisco

Em qualquer pronunciamento do magistério eclesiástico, em qualquer exposição da fé, em qualquer pregação cristã que não se contente em repetir trechos da Escritura, estará *inevitavelmente embutida* uma concepção teológica, uma compreensão ampla e sistematizada do rico e variado manancial oferecido pelos textos sagrados. É função do teólogo fazer emergir esta compreensão de fundo que não só justifique o texto do magistério, mesmo eventualmente apontando suas lacunas, mas sobretudo valorizando suas afirmações feitas numa linguagem mais pastoral ao apresentar as sérias e profundas bases teológicas das mesmas. Este é o nosso objetivo nesta parte deste estudo.

A. A concepção cristã do ser humano

Quando nos perguntamos pela razão última de nossa existência, ou em outras palavras, por que fomos criados, devemos reconhecer que tudo devemos ao *amor absolutamente livre e gratuito de Deus* que nos chamou à existência. Pois, sendo ele a autodeterminação absoluta, Deus não pode ser movido por nada fora de si. Existimos, portanto, porque Deus quis que participássemos de sua felicidade. A humanidade e o universo como seu entorno expressam já o *amor infinito* de Deus por suas criaturas, fato este que não passou desapercebido a muitos místicos cristãos. Mas a revelação nos diz mais.

Pois a pessoa de *Jesus Cristo* em sua vida, palavras e ações, em seu ensinamento e em seu comportamento revela um *relacionamento peculiar* com Deus, a quem invoca como *seu Pai* e para o qual orienta toda a sua existência. Mais em concreto implica este relacionamento que Jesus é *distinto* do Pai a quem se submete, a quem entrega sua vida, a quem reconhece como o único Deus. Sua missão consistiu exatamente em levar toda a humanidade a reconhecer e acolher esta *soberania de Deus*, a participar da realização do Reino de Deus, tal como nos atestam os Evangelhos.

Porém, em Jesus Cristo encontramos não só o relacionamento do homem Jesus com seu Pai, mas também o relacionamento do *Filho eterno de Deus* no interior da Trindade. Pois este relacionamento filial é simultaneamente do âmbito criado e do âmbito intradivino, já que tudo o que afirmamos da segunda Pessoa da Trindade tem aqui seu fundamento; de fato, não dispomos de *outro acesso* à pessoa do Filho eterno de Deus. Aceita esta afirmação podemos examiná-la não na nossa, mas na perspectiva de Deus. Então aparece que o Filho eterno do Pai, enquanto *distinto* do Pai, *pôde* sair de Deus Trino ao se encarnar e, conservando sua eterna atitude filial, tornar possível e fundamentar a existência dos seres humanos que, como Cristo, conscientemente reconheçam também a Deus como Pai e para ele vivam. Por igual razão, enquanto entorno necessário e condição de possibilidade da existência da humanidade, também todo o *restante* do mundo criado.[7]

Assim o Filho eterno de Deus é a razão de ser da humanidade de Jesus enquanto criada, e é também a razão de ser de toda humanidade e de toda a realidade criada, como nos ensina o Novo Testamento (1Cor 8,6; Cl 1,15-18a; Jo 1,1-3). Observemos ainda que o amor do Pai, responsável por toda a criação, é o mesmo amor que tem por seu Filho desde toda a eternidade. Pois o primeiro destinatário do amor do Pai é seu próprio Filho e, em seu Filho, todas as demais criaturas. Portanto, esse amor que nos alcança é sempre intermediado por seu Filho, seu dinamismo é essencialmente paternal, sendo que nossa resposta ao mesmo deve ser sempre filial, semelhante à de Jesus de Nazaré. Aqui temos um critério decisivo para a autenticidade da fé cristã. Uma fé no Deus de Jesus Cristo, uma fé plasmada na fé de Cristo (Hb 12,2),[8] uma *fé crística*.

Desse modo, a afirmação veterotestamentária de que o ser humano foi criado à "imagem de Deus" (Gn 1,26) deve ser completada por São Paulo, que nos assevera ser Jesus Cristo a imagem de Deus (2 Cor 4,4) e, somente como "imagens de seu Filho" (Rm 8,29), participam

---

[7] PANNENBERG, W. *Systematische Theologie II*. Vandenhoeck&Ruprecht, Göttingen, 1991, p. 34-49 (edição brasileira: *Teologia sistemática II*. São Paulo, Paulus/Academia Cristã, 2009, p. 50-61).
[8] BALTHASAR, U. von. *La foi du Christ*. Paris, Aubier, 1968, p. 13-79; SOBRINO, J. *Cristologia a partir da América Latina*. Petrópolis, Vozes, 1983, p. 106-157.

os seres humanos da semelhança com Deus. O cristianismo antigo considerava assim Cristo como arquétipo à imagem do qual foi criado o primeiro homem. Diríamos hoje que nossa *matriz* é Jesus Cristo. Daí a importante declaração do Concílio Vaticano II: "Cristo manifesta plenamente o homem ao próprio homem e lhe descobre sua altíssima vocação" (GS 22). Portanto, a compreensão cristã do ser humano nos diz que ele é alguém *ontologicamente* voltado para Deus, à semelhança de Jesus Cristo. Este fato diz respeito a *todos* os seres humanos e antecede qualquer adesão ou recusa de cunho religioso.

Entretanto, o quadro ainda não está completo. Vejamos. Por estarmos inseridos numa tradição ocidental do cristianismo e sem pretendermos entrar na questão do "Filioque", acostumamo-nos a uma pneumatologia cristológica, na qual o *Espírito Santo* procede do Pai e do Filho e é enviado pelo Filho em vista da economia salvífica. Porém, ao examinarmos atentamente os Evangelhos, constatamos que o Espírito esteve presente e atuante também durante toda a vida de Jesus. Primeiramente, na linha dos profetas e dos "homens de Deus" considerados portadores do Espírito de Javé, Jesus expulsava demônios e curava enfermos porque a "força" de Deus ou o "Espírito" de Deus estava com ele (Mc 5,30; Lc 11,20; Mt 12,28).

A narração do *batismo* demonstra que esta presença do Espírito não se dava só temporariamente nas curas, mas era uma realidade permanente na vida de Jesus já no início de sua missão pelo Reino (Mc 1,11) e que irá acompanhá-lo sempre, impelindo-o ao deserto (Mc 1,12) e inspirando-o em toda sua atividade (Lc 4,18; At 10,38). Aqui está implícita uma experiência de Jesus com o Espírito, tornando-o consciente de sua vocação e missão. Neste Espírito acontece também o relacionamento do Pai com Jesus (meu Filho muito amado) e de Jesus com o Pai (*Abba*, Pai). Portanto, sua livre entrega na paixão e na morte de cruz aconteceu "em virtude do Espírito eterno" (Hb 9,14). E é este mesmo Espírito que o ressuscita dos mortos (Rm 1,1-4; 1Tm 3,16; 1Pd 3,18). Assim, Cristo se torna "espírito vivificante" (1Cor

15,45), a saber, Cristo ressuscitado vive do e no Espírito eterno e o divino Espírito da vida atua nele e por ele. Desse modo, Cristo passa a ser o "Espírito vivificante" e o Espírito passa a ser o "Espírito de Jesus Cristo" (Rm 8,9; Gl 4,6). Enquanto ressuscitado, Cristo envia (Jo 16,7), sopra (Jo 20,22) e derrama o Espírito (At 2,23).

Por conseguinte, a ação do Espírito experimentada pelos primeiros cristãos é marcada por Cristo, leva-os a se relacionarem com Cristo, a reconhecer Cristo como Senhor (1Cor 12,3), a acolher na fé pela experiência do Espírito a oferta salvífica de Deus em seu Filho. A fé é obra do Espírito, o qual, entretanto, não é visto, como também não vemos os olhos com que enxergamos.

Essa cristologia pneumatológica equilibra uma pneumatologia cristológica dominante na tradição ocidental. Pois o Pai é aquele que envia o Espírito (Jo 14,16; 14,26), o qual pode então ser confessado como "o Espírito da verdade que procede do Pai" (Jo 15,26). Desse modo, podemos afirmar que o Pai gera o Filho em virtude do Espírito eterno e sopra o eterno Espírito na presença do Filho. Pois, se o Espírito procede do Pai, este proceder pressupõe o Filho, já que o Pai só é Pai em sua relação com o Filho. Se o Filho é gerado pelo Pai, o Espírito acompanha a geração do Filho e através dele se manifesta.[9] Deus, enquanto Trindade em seu ser e em sua ação salvífica, também deverá estar presente e ser fator determinante na resposta do ser humano ao gesto divino de se autodoar. É o que veremos a seguir.

B. A fé como resposta do ser humano à autodoação de Deus

Portanto, o ser humano tem sua identidade última em sua vocação divina, em ser interlocutor de Deus, em acolher este Deus amor que o atrai. Mas este é o Deus manifestado em Jesus Cristo e

---

[9] MOLTMANN, J. *O Espírito da Vida. Uma pneumatologia integral*. Petrópolis, Vozes, 2010, p. 77.

experimentado no Espírito Santo. Portanto, a abertura do ser humano ao Transcendente, sua sede de infinito e de perfeição, é determinada *trinitariamente*, se é realmente cristã.

Enfatizemos novamente que este anseio, esta nostalgia, este élan, não pode ser eliminado de uma adequada antropologia sem que se desfigure o próprio ser humano. Pois este desejo de Deus é essencial ao ser humano, embora ele não o tenha por direito e nem seja capaz de satisfazê-lo por suas próprias forças. Trata-se apenas de uma capacidade de acolher, vazia e impotente para adquirir o que deseja. O "éros" não se opõe[10] ao "ágape", pois apenas exprime a condição humana, *pressuposto* para a recepção gratuita do amor de Deus. Assim se evita tanto o extrinsecismo quanto o imanentismo.

A fé é a resposta do ser humano a esta atração de Deus possibilitada pelo próprio Deus. Sob a ação do Espírito Santo e à semelhança de Jesus Cristo o ser humano confia, se abandona, se deixa dispor e orientar por Deus, já presente em sua sede de absoluto. A fé possui inevitavelmente uma dimensão que poderíamos chamar de *mística*, num sentido amplo, mas intrínseco à própria fé cristã. Pois, sendo Deus Transcendente, é ele mistério para o ser humano. E como vimos anteriormente que a criação tem na encarnação do Filho de Deus o seu fundamento último, encarnação esta que é obra do Espírito Santo (Lc 1,35), o acolhimento do *mistério* que é Deus se revelou em Jesus Cristo na fidelidade ao Espírito nele presente e atuante. Jesus Cristo não desfaz o mistério de Deus já que Deus não se submete à lógica humana (Mt 20,1-16) e se revela *sub contrario* na fraqueza, no escândalo e na loucura da cruz aos que têm fé (1Cor 1,18-31). Portanto, também em Jesus Cristo Deus permanece mistério: ele habita em luz inacessível (Rm 1,20; Cl 1,15) e seus pensamentos são insondáveis (Rm 11,33).

---

[10] BENTO XVI. *Deus caritas est* 7.

Portanto, a revelação é o desvelar-se do mistério de Deus como mistério de amor, como mistério de uma liberdade absolutamente soberana, como mistério que se doa sem perder sua transcendência. Aquele que crê não "sabe" mais sobre Deus, mas tem plena lucidez sobre o mistério de Deus e sobre sua ignorância. Ele interpreta o élan que o habita à luz da pessoa de Jesus Cristo (Jo 1,9), embora constate a seu redor outras interpretações dessa mesma realidade, seja em sistemas filosóficos, seja em tradições religiosas. Importante aqui é reconhecer e valorizar a *dimensão mística* inerente à própria fé enquanto opção voltada para o mistério de amor que é Deus, porque por ele previamente atraída. Não podemos conceber a vida cristã desprovida de sua dimensão mística,[11] e a pastoral da Igreja deveria estar muito mais atenta a esta verdade em seus objetivos e planificações. Nas palavras de Bento XVI: "a fé cresce quando é vivida como experiência de um amor recebido e é comunicada como experiência de graça e de alegria".[12] Também a Palavra de Deus é sempre uma interpelação de amor, uma entrega divina de si. Ela interpela a criatura humana, plasma sua existência e lança-a num itinerário jamais completamente terminado nesta vida,[13] pois a experiência de fé provoca novas experiências sempre se superando em direção ao Deus sempre maior.[14]

Observemos ainda que a fé cristã, por estar voltada para Deus, que é transcendente e mistério, necessita de símbolos que a identifiquem, a expressem, a celebrem. De fato, o símbolo aponta para além de si próprio, embora partilhe em si mesmo a realidade simbolizada,

---

[11] LUBAC, H. de. *Sur les chemins de Dieu*. Paris, Aubier, 1966, p. 193: "L'élan mystique n'est pas un luxe. Sans lui, la vie morale risque de n'être qu'un refoulement, l'ascèse une sécheresse, la docilité un sommeil, la pratique religieuse une routine, une ostentation ou une peur".
[12] BENTO XVI. Carta apostólica *Porta Fidei* 7.
[13] Ibid. 6.
[14] RATZINGER, J. *Les Principes de la Théologie Catholique*. Paris, Tequi, 1982, p. 384-393.

de tal modo que esta está nele presente e atuante.[15] Podemos mesmo dizer que tudo no cristianismo é simbólico: a Bíblia, os sacramentos, a comunidade eclesial, os dogmas de fé, a pregação, as celebrações, já que ultrapassando sua materialidade remetem o ser humano para o mistério de Deus. Sendo Deus mistério de amor, são tais símbolos sinais salvíficos que devem ser captados e aceitos como tais. Desse modo, faz-se necessária e urgente toda uma *pedagogia cristã*, catequese mistagógica diziam os antigos, que possibilite a postura realmente cristã na escuta da Palavra de Deus e na celebração dos sacramentos, especialmente da Eucaristia. O sinal é sempre mediação e convite para a experiência salvífica. Caso contrário, ficamos retidos na exterioridade do sinal, não chegamos realmente a Deus, não vivemos a mística da fé. Conhecemos os sinais, mas para nós eles não são realmente salvíficos.

C. Fé, mística e teologia

A relação entre a mística da fé e a teologia é bem mais íntima do que poderíamos imaginar.[16] Pois, sendo Deus transcendente e mistério para o ser humano, qualquer discurso sobre Deus que mereça o nome de *teo-logia* deve arrancar da experiência fundante da fé ao acolher a amorosa e gratuita autodoação divina por ação do próprio Deus (Espírito Santo) em nós. Esta experiência que não se deixa enunciar é a que nos permite expressar esse Mistério em enunciados, numa palavra, fazer *teo-logia*.[17] Esta é e será sempre segunda, já que a presença da ação de Deus no que crê é afinal o que fundamenta o discurso teológico. O vivido antecede o crido: *lex orandi, lex credendi*. A teologia não só se alimenta da mística, mas sua função não é

---

[15] HAIGHT, R. *Dinâmica da Teologia*. São Paulo, Paulinas, 2004, p. 149-167.

[16] Nesta questão ver B. Dumas, *Mystique et Théologie d'après Henri de Lubac*, Paris, Cerf, 2013.

[17] RAHNER, K. Über den Begriff des Geheimnisses in der katholischen Theologie, *Schriften zur Theologie IV*. Einsiedeln, Benzinger, 1960, p. 70.

propriamente esclarecer o mistério (tarefa impossível), mas alimentar a fé do cristão levando-o a reconhecer e a adorar o mistério que o atrai. Nesse sentido a teologia está a serviço da mística, já que a revelação de Deus não consiste num pacote de verdades, mas na vinda de Jesus Cristo, mistério de Deus a nós doado. Acolher na fé este mistério é a tarefa central da teologia, já que neste mistério da pessoa de Jesus Cristo estão os demais mistérios (Ef 3,4s).[18]

Daqui decorrem igualmente os limites do labor teológico, pois este jamais conseguirá traduzir o mistério para o conceito, torná-lo submisso aos limites da razão, penetrá-lo em sua profundidade. As verdades de fé, os dogmas cristãos, enquanto enunciados a nosso alcance, serão sempre passíveis de compreensões mais ricas, que nunca saciarão a inteligência humana. Todo discurso teológico, enquanto *teo-lógico*, é um discurso inacabado, é uma expressão da verdade divina tendendo para a mesma,[19] contendo formulações que podem ser ultrapassadas e impedem de encerrar uniformemente a verdade divina num sistema fechado. Cada geração descobre sua plenitude na vivência e na experiência sempre novas, sem querer imobilizá-la no tempo, mas reconhecendo a historicidade de nossa percepção e a riqueza insondável do mistério cristão.[20] Tentação aqui seria a teologia querer fixar o mistério de Cristo em personagens acessíveis, em quadros interpretativos transitórios, que nos satisfazem, mas que nos impedem o acesso ao mistério e à sua autêntica vivência.

O dinamismo anagógico para o mistério que nos atrai torna o trabalho teológico para a compreensão da fé uma luta sem fim, fadada

---

[18] Ver já numa perspectiva sacramental, mas com uma pertinência ainda maior: TABORDA, F. Da celebração à teologia. Por uma abordagem mistagógica da teologia dos sacramentos. *Revista Eclesiástica Brasileira* 64 (2004), p. 588-615.

[19] "Perceptio veritatis revelatae tendens in ipsam". Expressão assumida por Tomás de Aquino, *S. Th.* II-II, q.1, a.6, *sed contra*.

[20] RATZINGER, J. Comentário ao texto da Comissão Teológica Internacional *El Pluralismo Teológico*. Madri, BAC, 1976, p. 15-20.

à derrota, mas aceita com paz e alegria. É um lançar-se num oceano sem esperança de atingir a outra margem, pois ela não existe. Pois Deus está presente sem ser visto, é encontrado quando ainda o buscamos. Estamos às voltas com uma *inteligência espiritual* da verdade revelada já que acontece pela ação do Espírito Santo, podendo desse modo ser encontrada na fé dos mais simples. Também fica clara a distinção entre teologia e ciências da religião, já que estas últimas não partem da fé, da experiência do mistério, da iluminação que dele provém, sendo, entretanto, úteis e pertinentes em seu campo epistemológico, mas falhando quando se aventuram para além do mesmo.

D. Sentido da fé e religiosidade popular

O nosso tema está intimamente relacionado com o conhecido "sensus fidei", sobre o qual já existe uma abundante bibliografia,[21] de modo que não trataremos explicitamente desta questão. Interessa-nos, isto sim, considerá-la na mesma ótica seguida até aqui. Pois constatamos que emerge fortemente da bibliografia anterior uma mesma perspectiva de leitura, a saber, de cunho mais *cognoscitivo e doutrinal*. Naturalmente tal compreensão do sentido da fé, já presente na tradição da Igreja e recentemente valorizada pelo Concílio Vaticano II (LG 12), é perfeitamente justa e de modo algum pode ser omitida. Dela decorre a riqueza da *fé de todo o povo de Deus* que ultrapassa mesmo as expressões da teologia ou do magistério eclesiástico,[22] atua no desenvolvimento da doutrina e da prática cristã, na

---

[21] Ver a extensa bibliografia apresentada por D. Terra, *O sentido da fé*, Lisboa, Universidade Católica Editora, 2009, p. 137-142, ou o amplo estudo sobre o tema por parte de W. Beinert, Der Glaubenssinn der Gläubigen in Theologie- und Dogmengeschichte. Ein Überblick. In: WIEDERKEHR, D. (Hrsg.). *Der Glaubenssinn des Gottesvolkes. Konkurrenz oder Partner des Lehramts?* Freiburg, Herder, 1994, p. 66-131. Mais recentemente dispomos do texto da Comissão Teológica Internacional, *O sensus fidei na vida da Igreja*, São Paulo, Paulinas, 2015.

[22] RAHNER, K. Dogmatische Randbemerkungen zur "Kirchenfrömmigkeit", *Schriften zur Theologie V*. Einsiedeln, Benziger, 1962, p. 391s.

contribuição do laicato para a fé da Igreja, na mútua relação entre magistério e teologia, na transmissão da fé (DV 8). Mesmo sem pretendermos enunciar todas as consequências dessa leitura mais generalizada, já podemos avaliar sua importância para a vida da Igreja. Entretanto, faz-se mister enfatizar uma *outra dimensão* do sentido da fé no horizonte até aqui apresentado da autodoação de Deus amor. Vejamos.

Já que todo e qualquer ser humano é constituído enquanto tal por um élan voltado para o Absoluto, e como este Absoluto consiste num Deus que é autodoação amorosa e que o interpela por uma resposta, atingindo tal autodoação divina o íntimo, o coração de cada pessoa, então sua aceitação na fé não diz respeito somente à inteligência, mas alcança *todas* as demais faculdades humanas, e mais concretamente a própria afetividade. A inquietação do ser humano, para usar uma formulação agostiniana, provém de sua própria constituição antropológica, antes mesmo que ele busque expressá-la em conceitos, palavras e imagens. Como vimos anteriormente, a acolhida do gesto divino na fé é a base necessária para todo discurso posterior sobre Deus. Quanto mais autêntica for esta acolhida, quanto mais concretizada na vida for esta fé, quanto mais plenificada na caridade, maior será a percepção do infinito amor de Deus em seu íntimo. Mas esta percepção não dissolve o mistério que é Deus, daí que suas expressões são sempre inacabadas, abertas a leituras complementares, dóceis à ação livre do Espírito Santo,[23] pois a Igreja "tende continuamente para a plenitude da verdade divina" (DV 8).

A cultura fechada de nossos dias não consegue enxergar a pertinência de uma realidade transcendente que traga sentido para a vida humana, cultura esta que põe em crise as representações tradicionais de Deus e que limita a noção de ciência ao que é objeto de experiência controlável. Esse horizonte cultural pede da Igreja uma atenção

---

[23] TERRA, op. cit., p. 68.

maior à *experiência da fé* do indivíduo, que se dá na comunidade eclesial e chega a sua realização no amor ao próximo, na doação de si ao Outro e aos outros, em correspondência com a autodoação divina que é afinal o amor infinito. Pois a fé em Deus nos descentra de nós mesmos, leva-nos a viver diante do mistério, liberta-nos de nossas certezas e seguranças, sensibiliza-nos para as carências de nossos próximos, lança-nos na ação capaz de remediá-las.

Naturalmente a experiência do mistério na fé poderá ser tematizada com expressões diversas conforme os contextos socioculturais ao longo da história, embora elas permaneçam sempre aquém do que procuram exprimir. Mesmo que reconheçamos a necessidade das formulações para a identidade da fé cristã, mais importante é a experiência mais primordial que as faz surgir por estar voltada para o próprio Deus. Pois a tensão espiritual da fé é "o lugar interior das proposições de fé, irrealizáveis sem este movimento interior".[24] Daqui o valor da *religiosidade popular* que, na simplicidade ingênua de suas expressões, conserva a referência a Deus, dá testemunho de sua fé e mostra-se mais sensível aos valores evangélicos da partilha e da solidariedade.[25] Portanto a insuficiente formação cristã de muitos dos mais simples pode conviver com uma autêntica vida de fé, com expressões que nos desconsertam, pois são as mediações disponíveis para se relacionarem com Deus. No cristianismo a vida é mais importante que o discurso.

Para o Papa Francisco aparece com muita clareza que não haverá uma eficaz reforma da Igreja sem uma vivência pessoal e autêntica da fé cristã. Pois nessa experiência salvífica do encontro do ser humano com Deus que é amor, temos não só o "centro da fé cristã" e o fator que explica o nosso seguimento de Cristo,[26] mas também

---

[24] RATZINGER, J. Comentário ao texto da Comissão Teológica Internacional *O Pluralismo teológico*. São Paulo, Loyola, 2002, p. 23.
[25] PAULO VI. Exortação apostólica *Evangelii nuntiandi* (1975) 48.
[26] BENTO XVI. Carta encíclica *Deus Caritas Est* 1.

a razão de toda a ação pastoral da Igreja.[27] No passado notou-se, por várias razões, certa ênfase no aspecto doutrinal, moral e jurídico da fé por parte da Igreja. Hoje, diante de uma sociedade tão sofrida e tão injusta, tão carente de sentido e de valores, a Igreja deve manifestar o *rosto misericordioso de Deus*, deve ser acolhedora para poder levar nossos contemporâneos a um encontro com Deus em Jesus Cristo. Neste encontro então experimentarão o sentido de vida e a paz que tanto buscam. Neste encontro provarão a mística da fé, a ação do Espírito de Cristo que os leva ao outro necessitado. Neste encontro serão testemunhas do Transcendente, portadores de sentido, transmissores da bondade divina. Terão experimentado a fé *existencialmente* como realidade gratificante e salvífica. Terão encontrado o Deus que é misericórdia e nos transforma para sermos também misericordiosos, deixando aflorar em nossa vida e em nossa pastoral a ternura de Deus.[28] Oxalá nós possamos trabalhar com o Papa Francisco em seu empenho em fortalecer a mística da fé e renovar a Igreja Católica.

---

[27] Ibid. 19.
[28] PAPA FRANCISCO. *Misericordiae vultus (O rosto da misericórdia)* 10.

V. LAUDATO SI':
UMA ABORDAGEM TEOLÓGICA

Estamos diante de um texto que se impõe não só pela amplitude das questões nele tratadas, mas também pelas incisivas afirmações teológicas que apresenta. Nosso objetivo será fazer emergir nesta reflexão as *linhas teológicas subjacentes* à Encíclica.

O texto papal utiliza o conhecido método "ver-julgar-agir", que também será empregado nesta nossa exposição. Pois, diante da preocupação com o meio ambiente por parte da sociedade atual, que experimenta já os efeitos devastadores no sistema ecológico do planeta devido a uma racionalidade utilitarista e a uma tecnologia unilateral hoje dominantes, a Encíclica papal apresenta como tese de fundo a íntima relação entre a dimensão ambiental e a dimensão social da questão. Danificar a natureza implica também prejudicar o ser humano, gerando pobreza, desigualdades sociais, marginalizações. Aqui está a novidade deste grito de alerta do Papa Francisco.

Para melhor situá-lo, vamos iniciar com uma breve descrição da *atual cultura* enquanto nociva à preservação da natureza e à convivência humana. Pois desmascará-la e combatê-la aparece como um dos objetivos principais dessa Encíclica. Em seguida, exporemos muito concisamente as verdades fundamentais de uma *teologia cristã da criação*, assinalando como ela emerge frequentes vezes ao longo do texto papal. Esta parte será completada por uma visão escatológica da realidade criada, que reforçará a ênfase posta no valor da criação segundo o desígnio de Deus. Essa visão cristã do tema nos possibilitará uma crítica a certas soluções do problema que hoje encontramos. Finalmente veremos como essa questão tão atual nos ajuda a melhor avaliarmos o alcance da nossa fé cristã.

1. A cultura dominante em nossos dias

Somos profundamente *condicionados* pelo contexto sociocultural onde vivemos. Pois dele recebemos a linguagem, as referências que orientam nossas vidas, nossos ideais, nossos anseios de realização, que, de um lado, nos abrem perspectivas de vida, mas, de outro, nos limitam em nossa visão do mundo, da sociedade e da história. Devemos muito mais do que pensamos à cultura na qual estamos inseridos, no bom e no mau sentido. Pois todo conhecimento da realidade pressupõe um olhar específico, uma chave de leitura, uma interpretação, que já nos apresenta o objeto conhecido com uma inevitável interpretação em seu bojo. Pois a realidade se desvela correspondentemente à pergunta que lhe é dirigida, pergunta esta diversa no físico, no biólogo, no psicólogo, no filósofo ou no teólogo. Portanto, toda leitura é parcial e deve dialogar e ser completada pelas demais. Daí afirmar o Papa Francisco: "Uma ciência, que pretenda oferecer soluções para os grandes problemas, deveria necessariamente ter em conta tudo o que o conhecimento gerou nas outras áreas do saber" (LS 110).

Mas não é isso o que vemos em nossos dias. Hoje boa parte de nossos contemporâneos é dominado por uma cultura individualista que leva a pessoa a se preocupar sobretudo com a aquisição de bens materiais e com a busca de uma felicidade pessoal sem ter consideração com os demais. A sociedade de consumo não vê como problema a degradação do meio ambiente, a diminuição dos recursos naturais, a responsabilidade para com as gerações futuras, as consequências da devastação do hábitat humano para os mais pobres. Por detrás da mesma está uma racionalidade de cunho utilitarista que busca produtividade e eficácia a todo custo por meio de uma ciência técnica que desvaloriza tudo o que não se alinha com seus objetivos. Trata-se de "um paradigma de compreensão que condiciona a vida das pessoas e o funcionamento da sociedade" (LS 107). Sua lógica férrea tende a tudo controlar, seja a natureza, seja a sociedade humana (LS 108). Tudo é considerado em função do lucro, excluindo realidades que não se submetem, ou transformando-as em mercadorias que faturam (Carnaval, futebol, e até religião). Também a economia é atingida por esse rolo compressor, já que "assume todo o desenvolvimento tecnológico em função do lucro, sem prestar atenção a eventuais consequências negativas para o ser humano" (LS 109). Daí a afirmação do Papa Francisco: "Um desenvolvimento tecnológico e econômico que não deixa o mundo melhor e uma qualidade de vida integralmente superior não pode ser considerado progresso" (LS 194). Portanto, "a política não deve submeter-se à economia, e esta não deve submeter-se aos ditames e ao paradigma eficientista da tecnocracia" (LS 189).

No fundo estamos lidando com uma cultura que privilegia o lucro em detrimento do ser humano e da natureza. Estamos lidando com uma chave de leitura deformada que não consegue enxergar todas as dimensões da questão. Daí o alerta da Encíclica:

> A cultura ecológica não se pode reduzir a uma série de respostas urgentes e parciais para os problemas que vão surgindo em relação à degradação ambiental, ao esgotamento das reservas naturais e à poluição. Deveria ser um olhar diferente, um pensamento, uma política, um programa educativo, um estilo de vida e uma espiritualidade que oponham resistência ao avanço do paradigma tecnocrático (LS 111).

Fundamental para a solução do problema socioambiental é o próprio ser humano, não enquanto submisso à atual cultura, mas enquanto consciente de sua responsabilidade diante da natureza e de seus semelhantes. Portanto, nas palavras do papa: "Não haverá uma nova relação com a natureza sem um ser humano novo. Não há ecologia sem uma adequada antropologia" (LS 118). E ainda enfatizando mais:

> Muitas coisas devem reajustar o próprio rumo, mas antes de tudo é a humanidade que precisa mudar. Falta a consciência de uma origem comum, de uma recíproca pertença e de um futuro partilhado por todos. Essa consciência de fundo permitiria o desenvolvimento de novas convicções, de novas atitudes e de novos estilos de vida (LS 202).

Aqui se demonstra significativa, pertinente, oportuna e necessária uma visão cristã da pessoa humana e da natureza, que constituirá a segunda parte desta exposição.

2. O mundo criado à luz da fé cristã

A realidade que conhecemos e experimentamos em nossa existência e que abarca todos os seres criados não é uma realidade neutra, fruto do acaso, mas resulta de uma opção livre de Deus, imune a qualquer motivação externa (pois Deus é autodeterminação absoluta) e que só podemos pressentir como fruto de seu gesto gratuito, livre, desinteressado, sem motivo ou razão, que constitui o próprio mistério de Deus que é *amor infinito*. Deus quis que também outras criaturas participassem de sua felicidade. A realidade criada existe porque Deus a amou antes mesmo que existisse. Como afirma o Papa Francisco: "A criação pertence à ordem do amor. O amor de Deus é a razão fundamental de toda a criação" (LS 77). Portanto, "a criação só se pode conceber como um dom que vem das mãos abertas do Pai de todos" (LS 76). Desse modo, para a fé cristã a criação é uma realidade *qualificada* pois entra toda ela no desígnio salvífico do Pai. Toda ela se encontra vocacionada para uma finalidade que a transcende, toda ela é dotada de um dinamismo interno voltado para uma plenitude querida pelo próprio Deus. Esta afirmação será explicada em seguida.

O primeiro ponto a ser esclarecido diz respeito à *finalidade* presente em qualquer criatura e que a direciona para uma realidade transcendente, para o próprio Deus. Aqui devemos completar o quadro da criação gratuita, já que a fé cristã nos atesta a presença do Filho de Deus no ato criador do Pai. "Para nós só há um Deus, o Pai, de quem tudo procede e para o qual nós vamos; e um só Senhor, Jesus Cristo, pelo qual tudo existe e pelo qual nós existimos" (1Cor 8,6). Ou também o texto de Colossenses: "Tudo foi criado por ele e para ele, e ele existe antes de tudo; tudo nele tem consistência" (Cl 1,16s). O mesmo repete o apóstolo João: "Tudo foi feito por meio dele; e sem ele nada se fez do que existe" (Jo 1,3). Como explicar esta presença ativa e permanente de Jesus Cristo na criação a não ser que todo o mundo criado existe devido ao desígnio divino da encarnação do Filho de Deus, projeto primeiro e mais original que arrastaria necessariamente consigo a própria criação como entorno, meio necessário para a existência do Verbo encarnado. Portanto, todo o mundo criado existe porque Deus quis que seu Filho assumisse um corpo mortal. Num sentido mais profundo e primordial, a encarnação não se segue à criação, mas a antecede e justifica. O que os textos acima afirmam é esta primazia de Jesus Cristo na própria criação. Concluindo: fomos criados em Cristo. Entretanto esta verdade está incompleta. Vejamos.

Durante sua existência terrena, Jesus demonstrou com suas palavras e com sua vida um amor total e perfeito ao Pai. Este seu relacionamento único e singular com seu Pai implicou submissão, obediência, confiança e entrega incondicionada à vontade de Deus. Esta afirmação não deve ser atribuída somente ao Jesus histórico, pois é exatamente este Mestre de Nazaré que nos revela a realidade intratrinitária. Tudo o que sabemos da Santíssima Trindade tem aqui sua fonte. Portanto, o relacionamento filial e obediente de Jesus com o Pai revela o relacionamento do Filho eterno de Deus no interior da Trindade. Assim, este relacionamento filial é simultaneamente da esfera criada e da esfera divina.

Se toda a realidade existente foi criada em Cristo, por Cristo e para Cristo, se nele ela tem o *fundamento último* do seu simples existir, então toda a criação tem intrinsecamente uma dimensão que poderíamos chamar de "crística", a saber, toda ela se encontra diante de Deus na mesma atitude de fundo da pessoa de Jesus Cristo: obediência ao Criador, reconhecendo-o como Deus e honrando-o como Pai. Aqui está, do ponto de vista teológico, o sentido e a identidade última de toda e qualquer criatura, embora devamos logo acrescentar que só o ser humano tenha dela conhecimento. Quanto mais nos aproximamos da existência história de Cristo, assumindo suas atitudes e suas opções, tanto mais estaremos sendo não somente bons cristãos, filhos do mesmo Pai, mas sim estaremos concretizando na história o que constitui nossa *identidade última de seres humanos,* nossa verdade e nossa felicidade. Daí a afirmação de Paulo: "Pois aos que ele conheceu desde sempre, também os predestinou a se configurarem com a imagem de seu Filho, para que este seja o primogênito numa multidão de irmãos" (Rm 8,29). Na mesma linha o Concílio Vaticano II: "Cristo manifesta plenamente o homem ao próprio homem e lhe descobre sua altíssima vocação" (GS 22). Entretanto, o quadro ainda está incompleto.

Pois o ato criador de Deus criou não só o mundo, mas também o tempo. Portanto, ele se situa fora do tempo, numa palavra, é eterno. Como tal continua ativo na história sob a denominação de *criação contínua*. Esta ação criativa permanente de Deus não só conserva a existência de todos os seres criados, mas também é responsável pelo agir dos mesmos. Nas palavras do Papa Francisco: "Esta presença divina, que garante a permanência e o desenvolvimento de cada ser é a continuação da ação criadora" (LS 80). Por outro lado, a Sagrada Escritura nos mostra o *Espírito Santo* não só como criador junto com o Pai e o Filho (Sl 104,30), mas também como aquele que dá vida e ação às criaturas (Gn 2,7). E quando o Espírito de Deus é retirado vem a morte (Sl 104,29; Jó 34,14s). Esta ação do Espírito atinge toda a criação (Gn 1,2) e está, sobretudo, na origem de qualidades e dotes humanos (Ex 31,3; 35,31).

E ainda mais. O Espírito de Deus atua não só para dar vida, mas também para que toda criatura seja *fonte de vida*. Pois sua atuação se revelou também na vida de Jesus, levando-o, na obediência ao Pai, a lutar para que todos tenham vida, para que o Reino de Deus se torne uma realidade na história. *Semelhante* é sua ação na existência de todos os seres humanos. Trata-se de um dinamismo imanente, presente em toda criatura, embora só seja percebido conscientemente pelo ser humano. Já afirmava Paulo: "Se vivemos pelo Espírito, andemos também sob o impulso do Espírito" (Gl 5,25).

Este mesmo Espírito enquanto fonte de vida é também garantia de uma vida em plenitude: "Se o Espírito daquele que ressuscitou Jesus dentre os mortos habita em vós, Aquele que ressuscitou Jesus dentre os mortos dará também a vida a vossos corpos mortais, por seu Espírito que habita em vós" (Rm 8,11). Portanto, o dinamismo do Espírito nas criaturas é levá-las à *plenitude da vida*. E como esse dinamismo é um dinamismo crístico, como vimos, então alcançar uma eternidade de vida plena e feliz implica assumir "o mesmo sentir e pensar" (Fl 2,5), a mesma atitude fundamental de Jesus Cristo na obediência ao Pai em vista da promoção do Reino de Deus.

Entretanto, o ser humano é espírito e matéria. Portanto, só se pode realizar plenamente enquanto conserva seu corpo, pois o espírito se realiza como espírito na matéria, a qual lhe possibilita relacionar-se com a natureza, com os outros e com Deus. Portanto, o ser humano só será plenamente feliz se levar consigo seu entorno e sua história, constitutivos de sua existência vivida, que assim deverão também participar da "glória dos filhos de Deus". Dessa maneira, também a natureza pelo dinamismo do Espírito que lhe é intrínseco está destinada a participar da felicidade eterna e mesmo sua evolução ao longo da história tem, no fundo, o mesmo Espírito como seu agente. Como diz a Encíclica *Laudato si'*:

O fim último das restantes criaturas não somos nós. Mas todas avançam, juntamente conosco e através de nós, para a meta comum, que é Deus, numa plenitude transcendente em que Cristo ressuscitado tudo abraça e ilumina. Com efeito, o ser humano, dotado de inteligência e amor e atraído pela plenitude de Cristo, é chamado a reconduzir todas as criaturas ao seu Criador (LS 83).

Aqui já podemos entender por que a ruptura do ser humano com o desígnio salvífico de Deus, revelado em Jesus Cristo e acionado pelo Espírito Santo, acaba por incidir danosamente não só sobre ele próprio e seus semelhantes, mas também sobre a natureza. "A violência, que está no coração humano ferido pelo pecado, vislumbra-se nos sintomas de doença que notamos no solo, na água, no ar e nos seres vivos" (LS 2). O pecado é também negação do mundo criado querido por Deus e está na origem da crise ecológica. Não se respeita a vocação profunda da natureza ao se explorá-la irresponsavelmente em função do lucro, do poder, da ambição. No fim o próprio ser humano será a vítima de sua insânia.

Depois do que vimos, podemos melhor entender o texto de Paulo:

> Pois a criação espera com impaciência a revelação dos filhos de Deus: entregue ao poder do nada, não por vontade própria, mas pela autoridade daquele que lha entregou, ela guarda a esperança, pois também será libertada da escravidão da corrupção, para participar da liberdade e da glória dos filhos de Deus. Com efeito, sabemos: a criação inteira geme ainda agora com dores de parto (Rm 8,19-22).

Aqui aparece claramente como o pecado humano atinge também a natureza, que espera pela libertação dos que a exploram indevidamente e geme já devido ao dinamismo do Espírito presente e atuante em seu íntimo.

Em outra terminologia, podemos dizer que toda a vida de Jesus Cristo foi fazer irromper e irradiar o *Reino de Deus*. Esta é também a finalidade da Igreja e a característica última de todo cristão, sempre comprometido com uma missão. Sabemos que o Reino se realiza na história pelo exercício do amor fraterno, abrangendo tudo o que essa noção implica. Portanto, cuidar da natureza para que nossos semelhantes possam experimentar uma vida digna também faz parte do projeto de Deus para o mundo. Certamente a realização plena deste Reino não ocorrerá nesta história, seja pelas limitações próprias da condição humana, seja pelo egoísmo, pela cobiça, pela vaidade que dominam muitos seres humanos. Desse modo impedem uma sociedade fraterna e justa ocasionando desigualdades sociais, empobrecidos e marginalizados, bem como danos irreparáveis à própria natureza. Mas a construção do Reino futuro e definitivo já tem início no interior da história, na luta por uma sociedade mais justa e fraterna e por respeito à natureza também chamada a participar do "novo céu e da nova terra" (Ap 21,1), onde não haverá mais sofrimento (Ap 21,4) e Deus será "tudo em todos" (1Cor 15,28). Portanto, não só a humanidade, mas todo o mundo criado é chamado a constituir a nova sociedade em Deus, mesmo que a teologia não consiga explicar satisfatoriamente como tal se dará. Como tudo o que se refere à outra vida em Deus, também aqui estamos diante do mistério, que é o próprio Deus.

3. Fé cristã e ecologia

A compreensão cristã da realidade criada enquanto destinada a ser assumida na vida de Deus, ainda que contenha perguntas sem resposta quanto ao modo *como* isto se dará, não se isola num antropocentrismo autossuficiente, embora tal tenha ocorrido na história do cristianismo. Hoje sabemos que houve uma compreensão errônea do relato da criação no livro do Gênesis. O domínio do ser humano sobre o restante do mundo criado não significa que ele possa explorá-lo ilimitadamente em seu proveito, acarretando a destruição de seu próprio hábitat, mas muito simplesmente que lhe incumbe a tarefa de *exercer o governo*, próprio de Deus criador, sobre o mundo criado. Ele é assim chamado a ser representante, lugar-tenente de Deus, criado a sua imagem e semelhança (Gn 1,26s). Como imagem deve corresponder ao governo divino sobre o universo. Desse modo, seu domínio sobre a natureza se encontra ligado ao domínio de Deus. E este domínio não é um poder despótico sobre a natureza, porque vem expresso de modo claro no próprio texto bíblico: "Iahweh Deus tomou o homem e o colocou no jardim de Éden para o cultivar e guardar" (Gn 2,15). Observemos bem: cultivar e preservar!

A criação do ser humano enquanto espírito num corpo, enquanto espírito que necessita do corpo para sobreviver e para ter uma vida social, exige que este mesmo ser humano consiga sua subsistência no recurso à natureza que constitui seu entorno vital. Esta é louvada em toda a sua rica realidade como fruto do amor de Deus: "Como são numerosas, Senhor, tuas obras! Tudo fizeste com sabedoria, a terra está cheia das tuas criaturas" (Sl 104,24). Essa compreensão veterotestamentária é completada e aprofundada na visão neotestamentária, como vimos anteriormente. Toda a criação se deu "em Cristo", primogênito de toda criatura, que determina enquanto tal o sentido último de cada criatura. Todas têm uma característica "crística", todas participam da atitude filial de Jesus, todas estão num *relacionamento mútuo*, todas são chamadas a participar também da glória e da vida eterna do Ressuscitado. Esse quadro só é rompido pelo egoísmo humano que explora as demais criaturas a serviço de seus interesses, exaurindo os recursos naturais e destruindo a convivência humana pelas injustiças sociais que ocasiona.

A Encíclica *Laudato si'* expressa com muita clareza essa visão cristã da realidade, uma *visão sistêmica* que inclui natureza e sociedade:

> Quando falamos de "meio ambiente", fazemos referência também a uma particular relação: a relação entre a natureza e a sociedade que a habita. (...) Estamos incluídos nela, somos parte dela e nela cointegrados. As razões, pelas quais um lugar se contamina, exigem uma análise do funcionamento da sociedade, da sua economia, do seu comportamento, das suas maneiras de entender a realidade. (...) É fundamental

buscar soluções integrais que considerem as interações dos sistemas naturais entre si e com os sistemas sociais. Não há duas crises separadas: uma ambiental e outra social, mas uma única e complexa crise socioambiental. As diretrizes para a solução requerem uma abordagem integral para combater a pobreza, devolver a dignidade aos excluídos e simultaneamente cuidar da natureza (LS 139).

É interessante que a Encíclica insista também no *fator cultural* que implica o patrimônio histórico e artístico de um povo, elementos-chave para manter sua identidade original. Pois a tendência da economia globalizada é "homogeneizar as culturas e debilitar a imensa variedade cultural que é um tesouro da humanidade" (LS 144). Desse modo, Francisco defende a participação de cada cultura no processo histórico-evolutivo de cada povo, respeitando sua noção própria de qualidade de vida. Pois

> muitas formas de intensa exploração e degradação do meio ambiente podem esgotar não só os meios locais de subsistência, mas também os recursos sociais que consentiram um modo de viver que sustentou, durante longo tempo, uma identidade cultural e um sentido da existência e da convivência social. O desaparecimento de uma cultura pode ser tanto ou mais grave do que o desaparecimento de uma espécie animal ou vegetal (LS 145).

Portanto, a Encíclica traz uma proposta de *ecologia integral*, que abranja a dimensão natural, social e cultural na compreensão do ambiente. Desse modo, considera o ser humano no interior de uma totalidade que deixa aflorar seu essencial entrelaçamento com o meio ambiente e com a sociedade. Ela corrige assim a racionalidade própria da ciência moderna que, para dominar a natureza, trata de fragmentá-la em partes sempre menores para serem analisadas pelas diferentes ciências. Desse modo, compartimentaliza a realidade e perde uma visão de conjunto (sistêmica), não avaliando devidamente os estragos feitos na natureza pela intervenção humana e ocasionando assim a crise ecológica.

A compreensão sistêmica da Encíclica reprova também certa visão antropocêntrica que vê na natureza um reservatório de recursos a serem explorados e utilizados pelos seres humanos (LS 190). Nesse caso a defesa e a conservação da natureza se revela insuficiente, pois se faz em nome de gerações futuras para que também elas possam usufruir de tais recursos. Permanecemos assim na ótica exploratória. Mas a Encíclica rejeita também outra visão do meio ambiente, a saber, aquela que procura preservar os ambientes naturais impedindo qualquer intervenção humana e transformando a natureza num museu a ser apreciado. Certamente não é este o sentido da natureza.

A Encíclica atinge principalmente o núcleo da nossa questão ao denunciar o atual modelo econômico como causa determinante da destruição atual da natureza. "A proteção ambiental não pode ser assegurada somente com base no cálculo financeiro de custos e benefícios. O ambiente é um dos bens que os mecanismos de mercado não estão aptos a defender ou promover adequadamente" (LS 190). Pois o modelo atual de progresso busca somente o aumento da produção de bens, do consumo e dos lucros. Não entra em suas preocupações considerar os deletérios efeitos ambientais que produz. Por isso a Encíclica postula outra modalidade de progresso, com redução do ritmo de produção e consumo (LS 191). Apela para uma criatividade inteligente, responsável, audaciosa, que alie a noção de progresso com o respeito ao meio ambiente (LS 192). Pois "um desenvolvimento tecnológico e econômico que não deixa o mundo melhor e uma qualidade de vida integralmente superior não pode ser considerado progresso" (LS 194). Esta afirmação já é experimentada por todos nós pela padronização comercial dos alimentos, escassez de água, poluição atmosférica, aceleração do ritmo de vida, deterioração das relações humanas. Portanto, o discurso ecologista dentro da lógica neoliberal é puro engodo. Um modelo econômico baseado no consumo produz sempre um desastre ecológico devido à limitação dos recursos naturais e à enorme proliferação de resíduos, sem falar das desigualdades sociais que gera. Preservação do ambiente e desenvolvimento do capital são totalmente irreconciliáveis. Assistimos hoje em nosso país a como os pobres, camponeses e índios são privados de seu hábitat natural, de seus recursos alimentares, de suas culturas em favor de multinacionais que arrasam regiões inteiras em nome do progresso, sem ter a mínima consideração com os seres humanos que as habitam. Daí afirmar taxativamente o Papa Francisco: "A política não deve submeter-se à economia, e esta não deve submeter-se aos ditames e ao paradigma eficientista da tecnocracia" (LS 189).

Entretanto, este objetivo só poderá ser alcançado se o próprio ser humano, responsável pela política e pela economia, mudar seu *modo de vida*. Aqui ele poderia muito aprender das grandes tradições religiosas da humanidade que transmitem uma sabedoria muito ampla e comprovada. A fé cristã capacita o ser humano a libertar-se de seu egoísmo, descentrar-se de si mesmo, abrir-se aos demais, já que tem no amor fraterno o seu próprio núcleo de vida. Pois o cristão é consciente de participar do grande projeto de Deus, revelado em Jesus Cristo, de implantar seu Reino na sociedade fazendo de todos uma só família. Ele procura assumir o modo peculiar de olhar seus semelhantes e a mesma natureza própria de Jesus Cristo. Pois sabe que todo o mundo criado é dom de Deus em vista de uma comunhão universal (LS 220). Daí que "o amor à sociedade e o compromisso pelo bem comum são uma forma eminente de caridade" que abrange em si os âmbitos da política, da economia e da cultura (LS 231). Mas deverá realmente viver este imperativo de sua fé. Para tal deverá passar por uma *conversão ecológica* que o torna guardião da obra de Deus como parte essencial de sua identidade cristã (LS 217). Porém, faz-se necessário, dada a atual sociedade em que vivemos, carente de valores substantivos, combater o atual consumismo que se apresenta enganosamente através da mídia como fonte de felicidade (LS 204). A palavra-chave aqui é *sobriedade*. Como expressa claramente o Papa Francisco:

> A espiritualidade cristã propõe um crescimento na sobriedade e uma capacidade de se alegrar com pouco. É um regresso à simplicidade que nos permite parar e saborear as pequenas coisas, agradecer as possibilidades que a vida oferece sem nos apegarmos ao que temos, nem nos entristecermos por aquilo que não possuímos (LS 222).

Então, seremos capazes de viver melhor cada momento, dar apreço a cada pessoa e a cada coisa, valorizar os encontros fraternos, gozar da paz que nos dá o serviço desinteressado, sentir-se irmanado com a natureza próxima, enfim curtir as coisas mais simples e saber com elas se alegrar (LS 223).

Sintetizando o que vimos: não encontramos na vida e nas palavras de Jesus uma referência direta e explícita ao problema ecológico. Simplesmente porque tal questão não existia naquele tempo. Mas a interpretação da realidade feita pelo Mestre de Nazaré e que deve ser a mesma de qualquer cristão que faça jus a este nome, nos oferece um amplo horizonte de compreensão para a questão atual do meio ambiente. Nossa exposição procurou mostrar o que poderíamos chamar de base teológica da Encíclica *Laudato si'*. Não entramos nas consequências de cunho ético que decorrem de tal visão cristã por serem tema de outra exposição, embora saibamos que não é possível separar doutrina e ética no seguimento real de Jesus Cristo, reconhecendo não só que se implicam, mas também se iluminam mutuamente.

A luta pelo Reino de Deus é a luta pela realização de uma sociedade justa e fraterna, pelo cuidado com os mais pobres, pela preservação do hábitat natural do ser humano, enfim pela humanização da sociedade. Tarefa difícil na atual cultura que associa todos os que a assumem, por inspiração do Espírito Santo, devido às resistências e incompreensões da sociedade, ao mistério pascal de Jesus Cristo. Mesmo sem reduzir o cristianismo a uma ética humanizadora, que o privaria do próprio fundamento de suas ações, podemos dizer que, quando trabalhamos pela humanização do homem, aí implicada a postura correta diante da natureza, trabalhamos pela salvação da humanidade.

VI. INSTITUIÇÃO E INDIVÍDUO NA REFORMA ECLESIAL DE LUTERO E DE FRANCISCO

O tema da Reforma ganha hoje uma enorme atualidade. Não só devido aos quinhentos anos da reforma empreendida por Martinho Lutero, mas também pela renovação eclesial levada a cabo pelo Papa Francisco na Igreja Católica. Não pretendemos entrar nos debates atuais de cunho histórico ou teológico sobre este grande evento que marcou a história do Ocidente e cujas consequências sentimos ainda em nossos dias. Mas não podemos deixar de ver certas semelhanças entre esses dois movimentos de retorno ao Evangelho em seu sentido original. Vamos abordar apenas um tema de toda uma gama de questões em estudo na atualidade. Trata-se de resgatar a *dimensão pessoal* da própria fé cristã confrontada com sua necessária, mas talvez em nossos dias hipertrofiada, *institucionalização*. Pois vivemos numa época marcada por rápidas e sucessivas transformações socioculturais, as quais exigem das instituições mudanças imediatas, linguagens, estruturas, e práticas novas que elas não conseguem satisfatoriamente oferecer. E as Igrejas cristãs, devido a seu múnus evangelizador, sentem bastante o impacto da nova situação que explica por que a transmissão da fé a novas gerações tenha se tornado atualmente um sério problema. Mas devemos acrescentar outro fator ainda de maior peso, a saber, constatamos certa hegemonia do componente institucional em detrimento da vida de fé pessoal, ou seja, do que poderíamos chamar da dimensão mística da fé cristã. Numa época que tanto acentua o respeito à liberdade individual, que tanto promove a aceitação mútua das diferenças, que se rebela contra padrões tradicionais de comportamento, embora simultaneamente ofereça a preocupante realidade de uma manipulação ampla dos nossos contemporâneos por parte das empresas e dos modernos meios de comunicação, podemos comprovar sem dúvida certo afastamento das Igrejas por parte de muitos deles por não aceitarem como são vistos e tratados pela instituição eclesial.

A suspeita que deu origem a esta reflexão surgiu quando confrontamos, no interior da temática que nos ocupa, a situação da Igreja no tempo de Lutero com a nossa atual, respeitados naturalmente os diferentes contextos históricos e eclesiais. Daí nasceu a questão: existe realmente alguma semelhança entre o empreendimento reformador do religioso agostiniano e o esforço de renovação do Papa Francisco na temática que abordamos? Conserva a reação de Lutero toda a sua força e pertinência ainda em nossos dias ao apontar para uma verdade central da fé cristã?

1. A questão de fundo: fé pessoal e instituição eclesial

Já do ponto de vista meramente antropológico, sabemos que o ser humano não se desenvolve e se realiza como ser humano a não ser no interior de uma comunidade previamente existente, que lhe proporciona linguagem, padrões de comportamento, leituras da realidade. Toda a sua vida se desenrolará numa interação contínua com seu contexto sociocultural, no interior da tradição recebida e em contato permanente com seus contemporâneos. Podemos aqui de um modo mais geral caracterizar este mundo no qual nascemos com o vocábulo *instituição*. O institucional aqui se opõe à opção pessoal e livre, embora saibamos que o mesmo cristaliza o resultado de opções de gerações anteriores.[1] De qualquer modo, ele oferece o contexto sociocultural real que simultaneamente condiciona e possibilita a opção livre. Somos sempre filhos do nosso tempo. Decidimos sempre a partir de uma consciência possível e histórica. Naturalmente nos podemos posicionar livremente diante da herança recebida, acolhendo-a ou rejeitando-a, criticando-a e transformando-a. Mas sempre dentro do horizonte de compreensão que nos foi transmitido.

Sabemos também que verdades, valores, crenças, práticas, *éthos*, acabam por serem institucionalizados para melhor garantirem sua sobrevivência, pertinência e atualidade para gerações futuras.[2] De fato, quando tais características constituem a identidade de um grupo social, elas se institucionalizam em doutrinas, celebrações e normas de cunho moral e jurídico, intimamente relacionadas, as quais transmitidas ao longo do tempo garantem assim sua sobrevivência. No caso do *cristianismo*, a experiência salvífica que os primeiros discípulos tiveram com Jesus Cristo irá se sedimentar nos textos do Novo Testamento, que já refletem as crenças, as práticas e os preceitos vigentes nas primeiras comunidades cristãs. Desse modo, esses escritos constituem a expressão fundamental da fé cristã, a Palavra de Deus, juntamente com os textos do Antigo Testamento. Entretanto, já no Novo Testamento aparecem expressões, normas, práticas, que demonstram a necessidade experimentada pelos primeiros cristãos de atualizarem o legado que receberam em face dos novos contextos socioculturais e dos novos desafios que enfrentam para viverem sua fé. A busca por maior compreensão da revelação salvífica, a necessidade de melhor esclarecer pontos da ética cristã e a urgência de normas para reger um contingente cada vez maior de fiéis, fizeram inevitavelmente crescer o que chamamos aqui de a dimensão institucional do cristianismo. Esta última, embora toda

---

[1] BERGER, P.; LUCKMANN, Th. *A construção social da realidade*. 4 ed. Petrópolis, Vozes, 1978.
[2] Ver: MAX WEBER. *Economia e sociedade I*. Brasília, Ed. UnB, 1991, p. 162.

ela finalizada para levar à humanidade a salvação de Jesus Cristo, na fidelidade ao Espírito Santo e na obediência à vontade do Pai, portanto, a uma experiência específica que atinge e qualifica a existência concreta dos que a fazem, pode sucumbir e, de fato, sucumbiu ao longo da história à tentação de se hipertrofiar ou de se degenerar. Como reação aos novos desafios e questionamentos provindos da sociedade, a Igreja desenvolveu fortemente a reflexão teológica, moral e canônica, dando assim lugar a uma configuração do cristianismo, de certo modo, de cunho intelectualista, moralista e juridicista. Se acrescentarmos ao quadro uma estrutura rigidamente hierarquizada, refletindo o modo como a sociedade medieval se organizava, fortalecida pela ignorância religiosa de grande parte dos cristãos, não nos deve admirar a predominância da mediação institucional que marcou e ainda marca em nossos dias o catolicismo.

Ainda poderíamos acrescentar a realidade apresentada pela própria Escritura. Nela o Deus transcendente e inacessível se revela através de pessoas e instituições no interior da própria história. Já ao escolher o povo de Israel como seu povo, ele se revela como um Deus que manifesta através deste povo um projeto para toda a humanidade, projeto este que irá receber sua revelação definitiva na pessoa de Jesus Cristo.[3] Em sua vida, palavras e ações, culminando com sua morte de cruz e sua ressurreição, tem o cristão não só a revelação do Deus transcendente em seus desígnios salvíficos, mas também a presença do verdadeiro mediador para o encontro pessoal com Deus. A encarnação do Logos divino caracteriza o cristianismo como uma religião que não pode prescindir das mediações salvíficas, cujas origens remontam ao próprio Deus e cujo *sentido último* consiste em remeter o cristão para Deus. Nesse sentido são locais de passagem, não metas de chegada. Enquanto os cristãos adoram, cultuam e acolhem

---

[3] LOHFINK, G. *Deus precisa da Igreja? Teologia do Povo de Deus*. São Paulo, Loyola, 2008.

em suas vidas um Deus que é mistério inacessível, eles sempre o fazem através dessas realidades sacramentais ou simbólicas que constituem o cristianismo enquanto religião histórica. Podemos mesmo afirmar que tudo o que constitui visivelmente o cristianismo (e que muitas vezes erradamente se torna o foco principal de nossa atenção) aí está para nos pôr diante de Deus que nos fala, interpela, questiona, desinstala, ilumina, fortifica, acompanha, estimulando-nos a lhe responder numa existência que tem na pessoa de Jesus o caminho, a verdade e a vida (Jo 14,6). Dito bem sinteticamente: o institucional no cristianismo está a serviço do pessoal, do existencial, do místico, do experiencial, numa palavra, do salvífico.

Naturalmente as diversas modalidades de mediações salvíficas que constituem a dimensão institucional do cristianismo apresentam igualmente uma correspondente diversidade em sua ação mediadora. Todas elas se caracterizam pelo que Tomás de Aquino atribuiu à doutrina cristã: o ato de fé não se detém no enunciado, mas se dirige para a realidade nele expressa. Pois esta é exatamente a finalidade das várias mediações institucionais. Mas certamente observamos diferenças claras quando comparadas entre si. Uma celebração sacramental como a eucaristia, participada conscientemente, não só aponta para o mistério celebrado, mas ainda torna este mistério salvífico presente e atuante para seus participantes, num grau superior às simples normas de cunho litúrgico ou canônico. Sagrada Escritura, sacramentos, sacramentais, celebrações religiosas, pregações, espiritualidades, normas canônicas, comunidades eclesiais, testemunhos de vida cristã, todas estas modalidades devem ser consideradas e vistas com o *olhar da fé*, a saber, captadas e interpretadas corretamente em seu sentido verdadeiro enquanto remetem a uma realidade para além de si mesmas. Caso contrário, perdem sua força salvífica.

Devemos ainda considerar o *modo* como se apresentam essas mediações institucionais. Pois, embora provenham *de Deus*, devem ser realidades *acessíveis* ao ser humano. Portanto, são elas históricas e sujeitas a mudanças em sua configuração, refletindo inevitavelmente as diversas mentalidades e práticas sociais próprias das sucessivas etapas da história humana. Ao absolutizar o histórico e passageiro, determinadas configurações podem perder sua característica de mediações por não ser mais entendidas como tais por seus contemporâneos, sobrevivendo apenas como entidades do passado sem pertinência na atualidade. Podem ser mesmo ritos sagrados, tradicionalmente venerados, mas estéreis e vazios de valor salvífico.[4] Além de inadequadas, certas realidades institucionais podem não só refletir a limitação humana, enquanto imperfeitas, mas também manifestar marcas do pecado, a saber, da vontade de poder, da vaidade, da ganância, por terem sido manipuladas em proveito dos que delas dispuseram. E como estruturas e mentalidades mutuamente se influenciam, se condicionam, se justificam e se reforçam, sempre podemos constatar argumentações e arrazoados para fundamentar o *status quo* institucional. Daí surgir consequentemente certo autoritarismo, certa tendência centralizadora, certa dureza e insensibilidade no exercício de sua função por parte de algumas autoridades eclesiásticas.

Quando a comunidade dos fiéis de uma geração apresenta características culturais próprias, práticas sociais, juízos de valor e compreensões da realidade onde vive, e não mais se vê ajudada e confirmada em sua fé pela linguagem doutrinária, pelas normas éticas e jurídicas e pela pastoral da Igreja, então acontece uma separação entre comunidade humana de fé e instituição eclesial.[5] Embora seus membros continuem mantendo sua fé em Deus e mesmo reconhecendo a importância única de Jesus Cristo em suas vidas, muitos se afastam da Igreja ou buscam outras comunidades de fé cristã. Intensificar o discurso doutrinal, ameaçar com penas, predizer castigos futuros, tudo isso resulta ineficaz na atual sociedade pluralista, como podemos

---

[4] HAIGHT, R. *Dinâmica da Teologia*. São Paulo, Paulinas, 2004, p. 183s.
[5] KOMONCHAK, J. A. *Foundations in Ecclesiology*. Boston, University Press, 1995, p. 146-150.

observar. A crise já está instalada na própria instituição que só poderá ser solucionada por autêntica *reforma eclesial* que atinja não só suas estruturas inadequadas, mas também as concepções teológicas que as justificam, exigindo de todos os seus protagonistas uma autêntica conversão ao Evangelho.

A conversão como "metanoia" traz literalmente uma mudança de mentalidade, que pode constituir uma tarefa bastante complexa.[6] Pois não se trata somente de acolher novos conteúdos e práticas, mas, sobretudo, de assumir outra *chave de leitura*, outro horizonte de compreensão que possibilite entender o sentido verdadeiro das transformações em curso. Ignorar que todo conhecimento implica uma interpretação que, por sua vez, sempre se realiza no interior de um determinado horizonte de compreensão, sempre "historicamente situado", torna muito difícil, senão impossível, aceitar que a verdade, sem deixar de ser tal, possa melhor se *desvelar* ao longo do tempo. Esta afirmação vale também para a fé cristã. Pois a revelação de Deus supõe a fé que a acolhe, sempre historicamente inserida. Portanto, seja a compreensão da ação salvífica de Deus, seja sua expressão, estão condicionadas por um contexto sociocultural, sendo assim limitadas, podendo então experimentar um desenvolvimento, como afirma o Concílio Vaticano II (DV 8), e condicionadas também pelas falhas das autoridades, como já vimos.[7] E sabemos bem como as mentalidades condicionam e influenciam as estruturas institucionais, fato que hoje reconhecemos sem dificuldade, seja com relação ao papado,[8] seja com relação a uma sinodalidade mais ampla em toda a Igreja,[9] quando *todos* deverão sentir-se comprometidos na

---

[6] LONERGAN, B. *Method in Theology*. 2. ed. New York, Herder and Herder, 1973, p. 238.
[7] CONGAR, Y. *Vraie et fausse réforme dans l'Église*. 2. ed. Paris, Cerf, 1968, p. 112s.
[8] JOÃO PAULO II. *Ut Unum Sit* 95.
[9] SPADARO, A.; GALLI, C. M. (ed.). *La Riforma e le Riforme nella Chiesa*. Brescia, Queriniana, 2016.

missão comum e igualmente ser participantes ativos nas avaliações e nas decisões conforme sua competência respectiva.

Tenhamos presente o que vimos até aqui: a verdade da fé e, no caso da Igreja, aquilo que Congar denominava os "princípios constitutivos" da mesma,[10] só existem encarnados, inculturados, entendidos e expressos pelos seres humanos no interior de seus respectivos contextos históricos, os quais enquanto históricos são limitados. Consequentemente suas expressões estão sujeitas a ulteriores desenvolvimentos, aprofundamentos e correções. Já Santo Tomás de Aquino observava que a fé no dogma o atingia enquanto se dirigia para a realidade nele enunciada,[11] que só conheceremos plenamente na parusia. Esta constatação se vê agravada ainda mais pela realidade do pecado que por vezes o deforma e desfigura. Já Newman observara que a oposição dos anglicanos com relação ao catolicismo se baseava não tanto na doutrina quanto em sua mentalidade e em suas formas concretas e históricas, chamadas por eles de "romanismo", embora confrontadas com um anglicanismo puro, que não existia de fato.[12] Entretanto, se o pecado atinge a instituição eclesial como amplamente aqui a entendemos é porque ele já atingiu anteriormente o próprio ser humano, enquanto responsável pelas expressões e estruturas históricas do dado revelado. Daí a enorme importância da conversão pessoal dos membros da comunidade eclesial para os autênticos valores do Evangelho.[13]

De tudo o que vimos, a Igreja deve estar sempre aberta para se reformar num processo contínuo ao longo da sua história. Com outras palavras: ela deve mudar para permanecer fiel à sua identidade. O Evangelho que ela prega é também fator decisivo, iluminador e

---

[10] CONGAR, op. cit., p. 100.
[11] *S. Th*. II-II, q.1 a.6. sed c: "Perceptio divinae veritatis tendens in ipsam".
[12] Ibid., p. 118.
[13] Lonergan (op. cit.) a caracteriza como conversão moral e cristã.

crítico, que fundamenta o imperativo de uma reforma contínua. *Ecclesia semper reformanda*.

2. A reforma de Martinho Lutero

A inadequação entre a instituição eclesial e a vivência da fé por parte dos membros da Igreja era patente na época de Lutero, constituindo mesmo a razão principal da Reforma.[14] A Europa vivia um tempo de calamidades, vistas como castigos de Deus devidos a uma generalizada corrupção dos costumes. Sentia-se na população o medo da morte e do inferno, que levava as pessoas, dominadas pela ansiedade e pelo medo, a buscarem intensamente a salvação de uma condenação eterna. A instituição não inspirava confiança e menos ainda garantia de salvação. Papas e bispos se encontravam envolvidos com o poder temporal, e os padres afastavam-se da pastoral voltados para interesses materiais em vista de sobreviverem, muitos do quais escandalizando os fiéis por sua vida dissoluta. A Igreja apenas oferecia práticas como devoções a Nossa Senhora e aos santos, peregrinações a santuários, indulgências a serem obtidas para o perdão dos pecados, consideradas então um meio milagroso para se livrar das penas da outra vida. A preocupação obsessiva pela salvação individual deformava o sentido autêntico da Sagrada Escritura, das pregações e mesmo dos sacramentos, já que se encontrava unida a uma generalizada ignorância religiosa.

A *reação* dos leigos a esta situação se concretizava na forma de uma espiritualidade individual em busca de um contato direto com Deus, de uma experiência pessoal com Jesus Cristo, cujo exemplo mais conhecido é o livrinho *Imitação de Cristo*. Foi o tempo da mística flamenga e alemã (Ruysbroeck, Mestre Eckart, Taulero), vista com desconfiança pelas autoridades eclesiásticas, mas valorizadas

---

[14] DELUMEAU, J. *Naissance et affirmation de la Réforme*. Paris, PUF, 1965, p. 48-57.

por muitos cristãos devido à insuficiência e à incerteza dos canais hierárquicos e litúrgicos. Também nesta época podemos constatar certa ascendência do laicato nas atividades da própria Igreja, seja pelas iniciativas de reis e príncipes em prol da fé cristã, seja pelo contato com a Bíblia, numa época revolucionada pela aparição do livro impresso. E ainda podemos acrescentar a influência dos assim chamados "humanistas" que, na linha de Erasmo de Roterdã, buscavam uma religião mais simples, evangélica, que desvalorizava a hierarquia, o culto dos santos e as cerimônias.

É nesse contexto que se encontra *Lutero*. Também ele sentia a distância entre o institucional e a vivência da fé. Também ele se preocupava com sua salvação eterna, mesmo sendo um religioso exemplar. Também ele tinha conhecimento da mística alemã, seja pelo conhecimento do dominicano João Taulero, seja pela edição de um pequeno livro que ficou conhecido como "teologia alemã". Mas, sendo monge agostiniano, foi muito influenciado pela teologia de Santo Agostinho e, sendo professor de Sagrada Escritura, dedicou-se ao estudo do hebraico e do grego, de tal modo que emergia em seu tempo como um dos melhores conhecedores da Bíblia. Sua experiência pessoal com as tentações levou-o a afastar-se das teorias ockamistas, sobretudo de Gabriel Biel, que acreditava na capacidade do ser humano de, por si só, praticar a virtude e obter sua salvação. Uma intuição fundamental de seu pensamento foi se desenvolvendo, o que se vê confirmado pela leitura da Carta aos Romanos: é a *justiça salvífica*, não condenatória, de Deus que nos salva gratuitamente, não imputando nossas faltas devido a sua misericórdia por nós.[15] Fundamental é crer nesta palavra da Escritura, é confiar em Deus. Através da fé, enquanto abandono e confiança na misericórdia divina, o ser humano estabelece um *relacionamento pessoal* com Deus.

---

[15] Aqui está a maior contribuição de Lutero para o ecumenismo segundo W. Kasper, *Martin Luther*, Ostfildern, Patmos Verlag, 2016, p. 68.

Desse modo, Lutero questionava seriamente as práticas religiosas do tempo em seu valor salvífico, de modo especial a prática mais escandalosa da venda das indulgências.

Portanto, *inicialmente* ele não pretendia uma reforma da Igreja, mas simplesmente apresentar suas convicções teológicas para debate, como era costume em seu tempo. Sabemos que as *95 teses* (1517), que já demonstram profunda argúcia teológica na crítica ao afã generalizado de ganhar indulgências, foram tornadas públicas sem que Lutero tivesse disso conhecimento. Entretanto, mesmo partindo de argumentos teológicos, como convinha a um professor, suas conclusões questionavam profundamente mentalidades e práticas contemporâneas, como eram então concebidas as indulgências, ensinadas as teologias escolásticas, e urgidas as normas jurídicas. A rápida e vitoriosa divulgação de suas teses fez dele um reformador, mesmo que não fosse essa sua intenção inicial.[16]

Em sua obra programática *Da liberdade do cristão*,[17] escrita no início de seu posicionamento crítico com relação à instituição eclesial de seu tempo (1520), Lutero confronta repetidas vezes a religião reduzida ao cumprimento de obras e práticas externas com uma atitude pessoal e consciente própria do ato de fé, relegando-as ao "corpo" enquanto a fé é atribuída a "alma" (5). Para Lutero, somente a fé faz jus ao primeiro mandamento e, portanto, só ela pode nos salvar. As obras devem decorrer dela como os frutos bons brotam de uma árvore boa. "As obras boas e justas jamais tornam o homem bom e justo, mas o homem bom e justo realiza obras boas e justas" (23). Ele tem fé, ele confia na "Palavra misericordiosa" de Deus, que nos salva "por pura clemência" (24). E esta Palavra "não é outra coisa que a pregação feita por Jesus Cristo tal como está contida no

---

[16] PESCH, O. H. *Hinführung zu Luther*. Mainz, Matthias-Grünewald, 1982, p. 39-44.
[17] LUTERO, M. *Da liberdade do cristão*. São Paulo, Ed. UNESP, 1997. Os números entre parênteses correspondem à numeração da obra na edição que utilizamos.

Evangelho" (6). E é esta fé em Cristo que capacita o cumprimento dos mandamentos e a libertação da cobiça e do pecado (9), que nos traz realmente o perdão dos pecados e que torna a confissão sacramental frutuosa (25).

A fé deve sempre anteceder às obras, pois estas últimas, sem a fé, podem representar apenas interesses pessoais egocêntricos.

> Receio que poucos mosteiros, conventos, altares, missas e testamentos sejam realmente cristãos, bem como jejuns e orações feitos especialmente para alguns santos. Porque temo que, com isso, cada qual procure apenas o que lhe diz respeito, pretendendo assim expiar seus pecados e atingir a bem-aventurança (29).

A pregação da fé em Cristo não pode ser omitida pelos que difundem o direito canônico ou outras doutrinas e leis humanas, e nem deve consistir apenas num conhecimento da história de Cristo ou numa compaixão sentimental, mas numa pregação que faça crescer a própria fé ao explicitar tudo o que dele recebemos, ocasionando nos ouvintes alegria, consolação e amor (18).

Nesta obra já surgem alguns temas que serão amplamente tratados por Lutero ao longo de sua vida. Pois esta fé pessoal em Jesus Cristo, que nos abre para a misericórdia de Deus, se encontra fundamentada na *Sagrada Escritura*, implica o *acesso de todos* a Deus, acesso esse não mais visto como privilégio dos sacerdotes (16), que dará origem ao chamado *sacerdócio comum dos fiéis,* à afirmação repetida da *liberdade cristã* diante dos mandamentos e das leis (10), embora serva de todos, já que o cristão, justificado pela fé, "deve sentir-se livre e pensar apenas em servir e ser útil aos demais, visando unicamente às necessidades dos outros" (26).

Outra obra de Lutero dessa época, *Do cativeiro babilônico da Igreja*,[18] apresenta sua preocupação com o peso desmesurado da

---

[18] LUTERO, M. *Do cativeiro babilônico da Igreja*. São Paulo, Martin Claret, 2007. Os números no texto se referem às páginas desta edição.

realidade institucional na vida dos fiéis com "tantas ordens, ritos, orientações, profissões, afãs e obras" (p. 72), votos que acarretam aumento de leis e obras (p. 73), sendo que as tradições humanas com relação ao matrimônio impedem o "Evangelho da liberdade" (p. 97). Não se deve deter no rito que não possui eficácia independente da fé (p. 46, 66): "são sinais ou sacramentos da justificação, visto que são sacramentos da fé justificante e não da obra. Por isso toda a sua eficácia é a fé e não a operação" (p. 65). Também o fato de ser ordenado ou religioso não acarreta uma superioridade cristã com relação aos mais simples (p. 76), já que todos são sacerdotes (p. 106) e gozam do mesmo poder na Palavra e em qualquer sacramento. Mas observa: "entretanto, não é lícito que qualquer um faça uso desse poder, a não ser com o consentimento da comunidade ou por chamado de um superior" (p. 109). Embora não expressamente mencionada, trata-se sempre da *liberdade do cristão* diante da instituição entendida num sentido amplo. Daí a afirmação do reformador: "Somente por causa dessa liberdade e consciência, clamo eu e faço-o confiadamente" (p. 71).

Se nos limitarmos ao teólogo Lutero no período anterior à ruptura com as autoridades da Igreja Católica, conhecido como período "pré-confessional", já temos aqui o núcleo de seu pensamento, embora também explicitado em outros escritos deste tempo.[19] Naturalmente suas ideias irão inevitavelmente atingir tanto as autoridades eclesiásticas de então quanto a dimensão institucional da Igreja. Sabemos também que boa parte dessas consequências se deve às condições históricas daquela época, devendo ser devidamente contextualizadas e, portanto, relativizadas. Sabemos ainda que o clima polêmico ocasionou afirmações radicais que hoje nos parecem exageradas. Pois sua intenção de fundo era a de reformar a Igreja e nela

---

[19] À nobreza cristã de nação alemã, acerca do melhoramento do Estado cristão e *Do cativeiro babilônico da Igreja*, para citar alguns deles.

permanecer, não realizando este objetivo pelo autoritarismo das autoridades eclesiásticas enviadas de Roma que exigiam a retratação sem mais e também pela novidade naquele tempo de sua linguagem teológica.[20]

Dentro da ampla temática em torno da Reforma do século XVI, escolhemos a relação *indivíduo e instituição* como o ponto central desta reflexão. Em face de uma instituição eclesial que mais escandalizava do que edificava os fiéis, Lutero através de sua doutrina da justificação pela fé enfatiza a *opção pessoal* na aceitação livre e consciente da prévia oferta de salvação que Deus nos faz em seu Filho. Mesmo que hoje possamos apontar certa "preferência" de Lutero por São Paulo, que vê a teologia paulina como critério central do Evangelho, entretanto tal preferência se justifica pela comercialização da piedade naquele tempo, devendo ainda ser entendida não como um princípio apenas formal, mas como um princípio cujo conteúdo é o próprio Jesus Cristo.[21] Também influiu o fato de Lutero ser profundamente otimista com relação à clareza da Sagrada Escritura (já que não dispunha dos recursos da exegese moderna), fundamentada também em seus conhecimentos das línguas bíblicas, a ponto de se irritar com os que discordavam de sua própria interpretação.

Certamente a afirmação da *sola fide,* da *sola Scriptura,* do *solo Christo,* abre para o cristão um contato direto com Deus, um espaço mais amplo para sua vida espiritual, que o liberta das normas e práticas da hierarquia autoritária do tempo. Uma via salvífica que supõe uma opção pessoal exigente, mas que traz consolação e paz, numa época de muita inquietação e medo com relação à própria salvação eterna. A *imediatidade* do cristão com Deus, baseada na fé enquanto confiança plena no dado da revelação, liberta o cristão de qualquer

---

[20] PANNENBERG, W. Reformation und Einheit der Kirche. In: Id. *Kirche und Ökumene.* Göttingen, Vandenhoeck, 2000, p. 179-181.
[21] PESCH, op. cit., p. 69s.

autoridade eclesiástica ou civil. Aqui temos "o próprio núcleo da fé na justificação, e a doutrina da justificação é apenas a formulação e a fundamentação desta liberdade".[22] Ela pode ser formulada diversamente como a "certeza da salvação", entendida não subjetivamente, mas já inerente à própria fé no gesto gratuito de Deus. Lutero não cai num individualismo religioso, pois sabia que a Palavra de Deus que anunciava a justificação gratuita por parte de Deus era proclamada e vivida na comunidade eclesial, portanto, uma imediatidade mediada pela Igreja. Pois a fé, embora seja uma opção pessoal, tem por si mesma uma dimensão social, já que funda e sustenta a comunidade, criando um contexto que a fortalece e ajuda. Assim a Igreja, nesse sentido, é anterior à fé, pois somos levados à fé por aqueles que já creem num processo de comunicação e de transmissão da fé. Consequentemente a Igreja não é "mediação da graça", interrompendo o relacionamento direto da pessoa com Deus, pois apenas lhe oferece a Palavra salvífica de Deus e ajuda o fiel a vivê-la.[23] Lutero caracterizava a Igreja principalmente como "comunidade dos fiéis", reunida pela Palavra de Deus que a faz nascer, alimenta, conserva e fortifica. O Povo de Deus não pode existir sem a Palavra de Deus. Mas reconhece a sua dimensão institucional constituída pela reta Escritura, batismo, sacramento do altar, confissão, pregação, catecismo. Não existe um antitradicionalismo em Lutero, que combaterá nesse particular os carismáticos entusiasmados.

A relação "fé e sacramento" também se apresentava deturpada na mentalidade dos cristãos da época de Lutero, embora corretamente entendida na Patrística e na Alta Idade Média. Na Igreja latina o sacramento é visto como um sinal visível de uma realidade invisível. Mas em Agostinho o sacramento se celebra na comunidade na qual a proclamação da Palavra, a celebração visível e a fé pessoal

---

[22] PANNENBERG, W. *Kirche und Ökumene*, cit., p. 179.
[23] PESCH, op. cit., p. 130.

se encontram estreitamente unidas. Com a introdução do latim na liturgia, a celebração se tornou mais uma ação de clérigos, deixando de fora a comunidade e se transformando num "meio salvífico" que "atua" eficazmente devido a um *ex opere operato* mal-entendido, exigindo do fiel apenas que não ponha obstáculo a sua realização. Também aqui Lutero recupera a decisiva importância da fé na recepção do sacramento, pois em sua ausência o sacramento perde sua eficácia. Como afirma incisivamente: "Não o sacramento, mas a fé no sacramento é que justifica".[24] Pois o sacramento não existe para poupar a fé, ou o compromisso pessoal.

Entretanto, diante do modo como eram oferecidas as indulgências nesse tempo, semelhante crítica irá atingir também a autoridade da Igreja, já que o pregador das mesmas (Tetzel) proclamava que o papa podia conceder o perdão dos pecados (até para os já falecidos), independentemente da contrição, da penitência e da recepção do sacramento da confissão, desde que contribuíssem para a edificação da Basílica de São Pedro.[25] Como Lutero não se retratasse, já que profundamente convicto de sua afirmação, a disputa teológica acabou se transformando num rompimento com a Igreja que, desde o início, o próprio Lutero não queria.

No interior da temática que escolhemos neste estudo não podemos deixar de mencionar a questão do sacerdócio comum dos fiéis. Já na tradição anterior a Lutero, todo batizado devia participar da missão de Jesus Cristo. Também para Lutero, baseado em 1Pd 2,9, a fé em Cristo levava à participação não só em sua vida, mas também em seu sacerdócio. Portanto, todo cristão é digno de se dirigir a Deus na oração, rezar pelos outros e lhes anunciar a doutrina revelada. Até a oferta do sacrifício está incluída no sacerdócio de todo cristão no sentido de Rm 12,1 e de 1Pd 2,5, enquanto doação

---

[24] LUTERO, M. *Do cativeiro babilônico da Igreja*, cit., p. 65.
[25] PESCH, op. cit., p. 95-98.

da própria vida no serviço a Deus e aos semelhantes. Lutero não nega o ministério hierárquico, pois o considera necessário para que a proclamação da Palavra, enquanto tarefa de todos no interior da comunidade, não rompa com a unidade da mesma comunidade eclesial.[26] Essa dimensão comunitária da proclamação da fé e da celebração da ceia do Senhor deve ser preservada. Mas aqueles que são por ela responsáveis dependem, por um lado, da consciência de fé da comunidade e, por outro, representam a unidade do encargo provindo de Cristo para seus discípulos. Portanto, todos participam da missão de Cristo, mas o seu *uso* na comunidade não está à disposição de cada membro singularmente, mas pressupõe o consentimento da comunidade ou o chamado de um superior.[27]

Entretanto, sua compreensão *pessoal* do que lhe foi transmitido, juntamente com a linguagem que utiliza ao expressá-la, abrem inevitavelmente um espaço de *liberdade*, cuja raiz última é a própria experiência imediata com a verdade salvífica possibilitada pelo Espírito Santo. Este fato pode explicar também seu posicionamento crítico em face do que lhe foi transmitido, não com relação ao seu conteúdo, mas à *forma* como lhe foi legado. A mesma liberdade goza o cristão com relação à hierarquia que não realiza sua finalidade de levá-lo à imediatidade com Deus, e se erige em instância de poder ou em mediação exclusiva dessa missão. Consequentemente Lutero concedia ao cristão o direito e o dever de julgar a doutrina do ministro ordenado.

O sacerdócio comum dos fiéis é dirigido a todo o povo de Deus no texto de 1Pd 2,9. Lutero, contudo, o relacionava com a doutrina paulina da liberdade cristã,[28] que capacitava o cristão a emitir um

---

[26] Uma questão ainda objeto de debate entre os teólogos luteranos. Ver: PANNENBERG. W. *Systematische Theologie III*. Göttingen, Vandenhoeck, 1993, p. 410s.
[27] LUTERO, M. *Do cativeiro babilônico da Igreja*, cit., p. 109.
[28] Id. *Da liberdade do cristão*, cit., p. 15.

juízo próprio (1Ts 5,21; Fl 1,9), já que com livre acesso ao Pai pela participação no relacionamento filial de Cristo com Deus (Rm 8,15; Gl 4,6). Para Lutero, liberdade e imediatidade para com Deus vão juntas.[29] Note-se ainda que a liberdade cristã é fruto da ação do Espírito nos fiéis (2Cor 3,17). A liberdade cristã enquanto participação no relacionamento filial de Cristo com o Pai significa para o ser humano realizar sua própria identidade, libertando-o de seu egoísmo e capacitando-o a zelar pela preservação da comunidade eclesial e jamais contra ela.

3. A reforma de Francisco

A decadente situação da Igreja na época de Lutero provocou finalmente uma reação efetiva das autoridades eclesiásticas com a convocação do Concílio de Trento, que procurou fazer frente não só aos ataques doutrinais, mas também disciplinar a vida dos clérigos na Igreja. Seus decretos e suas normas buscaram estabelecer as verdades da fé católica, numa Europa agitada e dividida entre reinos católicos e protestantes. Devido ao clima polêmico de então e à impossibilidade de acesso aos debates na aula conciliar, as conclusões deste Concílio, literalmente entendidas, irão marcar a fisionomia da Igreja Católica nos séculos seguintes. O advento do fenômeno cultural conhecido como "modernidade" que porá fim à hegemonia da Igreja na sociedade ocidental e que será considerado então pernicioso para a fé cristã, ocasionará certo retraimento da vida social por parte da Igreja, levando-a a constituir seus "espaços católicos" numa sociedade pluralista e laica. O Concílio Vaticano II procurou aceitar o desafio da modernidade e dialogar com a sociedade para que a Igreja pudesse melhor desempenhar sua missão evangelizadora no mundo. Algumas reivindicações da Reforma foram assumidas pelos padres conciliares, reivindicações essas vistas com objetividade e serenidade.

---

[29] PANNENBERG, W. *Systematische*, cit., p. 148.

Não nos cabe aqui fazer um inventário desses pontos ou expor a riqueza doutrinal desse grande Concílio Ecumênico. Limitando-nos à nossa temática, assinalemos como conquistas conciliares a doutrina da colegialidade episcopal, a eclesiologia do povo de Deus, o reconhecimento e a participação do laicato na vida da Igreja, o decreto sobre a liberdade religiosa, o diálogo ecumênico e inter-religioso, que juntamente com outras conclusões conciliares irão provocar mudanças e agitações no período posterior ao Concílio, dando ensejo a uma nova centralização por parte da Sede Apostólica e coibindo a efetivação de algumas conquistas deste Concílio, como a colegialidade episcopal, a importância das Igrejas locais, a inculturação da fé, o diálogo ecumênico, a liberdade dos teólogos, para citar algumas. Esse processo de centralização institucional[30] e de rigidez no âmbito da moral[31] visava combater o relativismo reinante na sociedade, mas não trouxe bons resultados. Daí o clamor por parte de bispos e teólogos por uma maior fidelidade às determinações conciliares e por uma reforma da Cúria Romana, vista como uma instância com desmesurado poder na Igreja,[32] fato esse agravado pelos escândalos de cunho financeiro e sexual dentro do próprio Vaticano e fartamente propagados pela mídia. Em tudo isso se mantinha uma estrutura vertical, autoritária, juntamente com uma mentalidade fortemente doutrinária e jurídica numa sociedade que prezava fortemente a participação e o respeito ao indivíduo, fato este que afastava as pessoas da Igreja. Urgia, sem dúvida, uma reforma!

---

[30] Ver: LEGRAND, H. Les évêques, les églises locales et l'église entière. Evolutions institutionelles depuis Vatican II et chantiers actuels de recherché. *Rev. Sc. Ph. Th.* 85 (2001), p. 461-509.

[31] Ver: THOMASSET, A. Dans la fidelité au Concile Vatican II. La dimension herméneutique de la théologie morale. *Revue d'Éthique et de Théologie Morale*, n. 263 (2011), p. 31-61.

[32] Encontramos uma ótima síntese deste período em: KASPER, W. El Vaticano II: intención, recepción, futuro. *Revista Teología* 52 (2015), p. 95-115.

A Exortação apostólica *Evangelii gaudium* (EG) do Papa Francisco é apresentada como um pronunciamento *programático* (25) desse pontificado, pois pretende "indicar caminhos para a Igreja nos próximos anos" (1), oferecendo-nos assim uma base segura para conhecer o pensamento deste papa. Porém, sua temática é bastante ampla e complexa. Abordaremos, assim, somente o que se encontra na perspectiva de nosso estudo.

A intenção do papa em promover uma *reforma* na Igreja é bastante clara (26), expressa no convite a um processo de discernimento, purificação e reforma (30). Ele aponta falhas na mentalidade de muitos agentes pastorais na Igreja: individualistas, inseguros, pouco fervorosos (78), mais administradores que pastores (63), desanimados (82), satisfeitos com "o pragmatismo cinzento da vida cotidiana da Igreja" (83). Igualmente reprova o "mundanismo espiritual" (93) de "uma fé fechada no subjetivismo", "enclausurada na imanência da própria razão ou dos seus sentimentos", ou ainda numa "suposta segurança doutrinal ou disciplinar que dá lugar a um elitismo narcisista e autoritário" (94). Este mundanismo se manifesta por "um cuidado exibicionista da liturgia, da doutrina e do prestígio da Igreja", e "se esconde por detrás do fascínio de poder mostrar conquistas sociais e políticas", ou "se desdobra num funcionalismo empresarial" (95). Ou, ainda, vive a atacar os erros alheios e se mostra obsessivo com a aparência (97). Numa comunidade eclesial despreocupada com os pobres este mundanismo espiritual se encontra "dissimulado em práticas religiosas, reuniões infecundas ou discursos vazios" (207).

O papa denuncia também "um excessivo clericalismo" que marginaliza os leigos (102), a participação das mulheres na Igreja (103), esquecendo que "as funções não justificam a superioridade de uns sobre outros" (104). Já por ocasião de sua vinda ao Brasil para a Jornada Mundial da Juventude, o papa apresenta aos bispos latino-americanos uma série de perguntas que implicam, quando corretamente respondidas, sérias mudanças de atitudes pastorais e transformações profundas na vida da Igreja.[33] No fundo deseja uma Igreja "em saída" (20), "de portas abertas" (47), exercitada na "arte de escutar" (171), evangelizada e evangelizadora pela Palavra de Deus (174), solidária com os pobres (187), capaz de diálogo (238-257), aberta à ação do Espírito Santo (259-261; 280).

A reforma querida pelo papa atinge também as *estruturas eclesiais*. Já vimos como mentalidades e estruturas se condicionam mutuamente, de tal modo que dificilmente sobrevivem separadas. O papa advoga "uma salutar descentralização" (16), uma "conversão do papado" que amplie a participação das Conferências Episcopais "incluindo alguma autêntica autoridade doutrinal" (32), e pede que sejam revistas as "estruturas eclesiais que podem chegar a condicionar um dinamismo evangelizador" (26), mais preocupadas em se autopreservar (27), dando assim a impressão de entidades burocráticas (63).

Com relação ao tema escolhido para este estudo, a saber, a relação da pessoa com a instituição, vejamos primeiramente a ênfase posta na *pessoa humana* claramente comprovada pelas inúmeras passagens dessa Exortação que insistem no encontro pessoal do fiel com Jesus Cristo (3), de onde brota sua missão (120) de comunicá-lo aos demais (121). Portanto, tudo parte de uma *experiência primeira* "de sermos salvos por ele" (264), pois o verdadeiro missionário "sabe que Jesus caminha com ele, fala com ele, respira com ele, trabalha com ele" (266). Entretanto, essa experiência não deve consistir numa fé reduzida "ao âmbito privado e íntimo" (64), "num individualismo doentio" (89), e sim numa "relação pessoal e comprometida com Deus, que ao mesmo tempo nos comprometa com os outros" (91). Fundamento dessa fé vivida é "o coração da mensagem de Jesus

---

[33] Discurso do Santo Padre aos bispos responsáveis do Conselho Episcopal Latino-Americano (Celam). In: *Pronunciamentos do Papa Francisco no Brasil*. São Paulo, Loyola/Paulus, 2013, p. 72s.

Cristo" (34), a saber, "a beleza do amor salvífico de Deus manifestado em Jesus Cristo morto e ressuscitado" (36), atestado pela ação do Espírito Santo (37) e que deveria ser mais enfatizado na pastoral da Igreja (38).

Ao assumir a eclesiologia conciliar do "povo de Deus", o papa insiste na *participação ativa* de todos os fiéis na Igreja, em razão do batismo (102), sobretudo na contribuição importante que a mulheres poderão trazer a toda a comunidade eclesial (103). Para tal se "deverá estimular e procurar o amadurecimento dos organismos de participação propostos pelo Código de Direito Canônico" (47). Desse modo, o papa acolhe generosamente a herança do Concílio Vaticano II sobre a atividade apostólica do laicato (*Apostolicam actuositatem*). Enquanto membro da Igreja, cuja finalidade última é a missão, todo cristão é consequentemente também um missionário, e sua participação não se deveria limitar apenas ao ministério de ensinar e de santificar, mas também ao múnus do governo, limitado atualmente ao âmbito da consulta.

Na mesma linha de respeito à *pessoa concreta*, marcada por seus condicionamentos internos e externos, Francisco considera a vida cristã como uma caminhada (161) que admite uma evolução (44), que "não exige uma resposta completa a Deus, se ainda não percorremos o caminho que a torna possível", desde "que estejamos dispostos a continuar a crescer" (153). Portanto, na catequese, é importante "a necessária progressividade da experiência formativa" (166). Nesse particular o papa segue seu princípio de "dar prioridade ao tempo", sendo mais importante "iniciar processos do que possuir espaços" (223), "adotar os processos possíveis e a estrada longa" (225).

Esta preocupação volta no texto da *Amoris laetitia* quando, se apoiando na *Familiaris consortio* de João Paulo II, alerta para a "lei da gradualidade", "uma gradualidade no exercício prudencial dos atos livres em sujeitos que não estão em condições de compreender, apreciar ou praticar plenamente as exigências objetivas da lei" (AL

295). Consequentemente devem ser consideradas concretamente as assim chamadas "situações irregulares" (AL 296; 301), que podem ser bem diferentes (AL 298), de tal modo que "um juízo negativo sobre uma situação objetiva não implica um juízo sobre a imputabilidade ou a culpabilidade da pessoa envolvida" (AL 302; 305), embora "uma situação irregular não possa ser elevada à categoria de norma" (AL 304) nem implique "jamais esconder a luz do ideal mais pleno" (AL 307).

Essa concepção do Papa Francisco, que respeita "uma pessoa única, com sua história e seu itinerário com Deus e para Deus",[34] pode e deve ser mais bem entendida quando posta num horizonte mais amplo, no qual estão presentes verdades centrais da fé cristã. A começar pela *misericórdia divina*, palavra-chave da Sagrada Escritura para indicar o agir salvífico de Deus para com a humanidade, como atesta a *Bula de Proclamação do Jubileu Extraordinário da Misericórdia* (*Misericordiae vultus*) (MV 9). Esse modo de agir, que implica a revelação do próprio Deus, encontramos na vida e nas palavras de Jesus Cristo, "rosto da misericórdia do Pai" (MV 1), "sinal eficaz do agir do Pai" (MV 3), pois era a misericórdia que o movia em sua missão (MV 8), expressa em suas parábolas (MV 9). Também a Igreja deve assumir essa mesma atitude, já que "sua credibilidade passa pela estrada do amor misericordioso e compassivo" (MV 10) e nela "qualquer pessoa deve poder encontrar um oásis de misericórdia" (MV 12).[35]

A ênfase na misericórdia como *princípio hermenêutico fundamental* pode ser vista como uma mudança de paradigma: de um método mais dedutivo para outro mais indutivo, que valoriza a situação real

---

[34] SCHÖNBORN, Ch. Apresentação da *Amoris laetitia* (8/4/2016). *Doc. Cath.* n. 2523 (2016), p. 98.

[35] "O anúncio do amor salvífico de Deus precede a obrigação moral e religiosa. Hoje, por vezes, parece que prevalece a ordem inversa" (*Entrevista exclusiva do Papa Francisco ao Pe. A. Spadaro*. São Paulo, Paulus, Loyola, 2013, p. 22).

da pessoa para em seguida dar a palavra aos critérios teológicos. Não se mudam os conteúdos da doutrina ou da moral, mas sim a perspectiva na qual são considerados e entendidos.[36] Portanto, o discurso da misericórdia não significa abrandamento ou relativismo doutrinal ou ético, ou mesmo negação da justiça divina, pois, como diz Santo Tomás de Aquino, a misericórdia não abole a justiça, mas lhe dá cumprimento e sobrepõe-se a ela.[37] De fato, a história da salvação nos apresenta um Deus não só paciente, mas misericordioso, que conhece melhor o ser humano do que ele próprio, que o leva a sério em sua situação concreta, que penetra seus condicionamentos conscientes e inconscientes, que sabe entendê-lo e perdoá-lo sem deixar de estimular seu crescimento moral e chamá-lo para sua responsabilidade diante da vida.

A doutrina e a norma moral da Igreja gozam da característica da *universalidade* conferindo identidade à comunidade dos fiéis. Naturalmente, enquanto apresentam uma *intencionalidade salvífica* que lhes é essencial, devem ter em consideração a *pessoa concreta* à qual se dirigem.[38] Não entraremos aqui no fato de que tanto as expressões doutrinais ou morais não são blocos monolíticos, podendo crescer a tradição da fé como nos indica o Vaticano II (DV 8) ou como nos comprova a própria história da consciência moral da Igreja.[39] Portanto, considerar concretamente a pessoa humana significa não a conceber

---

[36] KASPER, W. *El papa Francisco. Revolución de la ternura y el amor*. Basauri, Sal Terrae, 2015, p. 58.

[37] *S.Th.* I, q.21, a.3 ad 2, citado em W. Kasper, *A misericórdia. Condição fundamental do Evangelho e chave da vida cristã*, São Paulo, Loyola, 2015, p. 217.

[38] Aqui se põe a questão de fundo: como conciliar a norma geral em face do ser humano em toda a sua histórica complexidade? Ver: BONFRATE, G. La "porta aperta" dei sacramenti. In: YÁÑEZ, H. M. (ed.). *Evangelii gaudium: il texto ci interroga*. Roma, Gregoriana Biblical Press, 2014, p. 84.

[39] Recordemos as condenações passadas feitas à democracia ou aos direitos humanos por parte do magistério eclesiástico e a tardia rejeição da escravidão. Ver: TAYLOR, Ch. Magisterial Authority. In: LACEY, M.; OAKLEY, F. *The Crisis of Authority in Catholic Modernity*. New York, Oxford University Press, 2011, p. 259-269.

teoricamente, mas sim realmente, a saber, no emaranhado dos condicionamentos, experiências, limitações, e falhas que constitui sua história e sua personalidade. Nesse ponto o papa demonstra ter assimilado perfeitamente a visão de Santo Inácio de Loyola, para quem "os grandes princípios devem ser encarnados nas circunstâncias de lugar, de tempo e de pessoas", exigindo sempre a arte do discernimento.[40]

A proclamação da fé cristã deve ser livremente "recebida" por essa pessoa humana, fato este que implica que seja entendida no horizonte de compreensão do receptor que jamais poderá acolhê-la em toda a sua amplitude e riqueza e que inevitavelmente a captará com as categorias mentais de que dispõe. Uma coisa é a proclamação por parte da autoridade, outra coisa o que realmente "chega" nos ouvintes. Igualmente o ensino moral da Igreja não significa simplesmente uma aplicação automática e fria de normas universais. Pois deve ter em consideração a pessoa em sua realidade concreta, pois sua *intencionalidade última* é de cunho salvífico, a saber, ajudar essa pessoa a acolher e viver a salvação oferecida em Jesus Cristo. Embora já presente na tradição oriental com a noção de "economia" e na Igreja ocidental com o conceito de "epiqueia",[41] essa verdade também se encontra presente na Exortação apostólica *Evangelii gaudium* (44). O mesmo poderíamos afirmar do que caracterizamos como a dimensão institucional da fé cristã, que surge da própria vivência de fé dos cristãos quando expressam esta fé, comunicam-na a outros, celebram-na e organizam a comunidade dos que a acolhem. Pois toda a estrutura institucional deve estar a serviço do indivíduo em vista de sua salvação.[42]

---

[40] *Entrevista exclusiva do Papa Francisco ao Pe. Antonio Spadaro*, cit., p. 10s. Sobre esta temática remetemos ao nosso texto: A alegria do Evangelho em ótica inaciana, *Itaici* 20 (2014), p. 17-33.

[41] KASPER, W. *A misericórdia*, op. cit., p. 216s.

[42] ISERLOH, E. Prophetisches Charisma und Leitungsauftrag des Amtes in Spannung und Begegnung als historisches Phänomen. In: WEBER, W. (Hrsg.). *Macht, Dienst, Herrschaft in Kirche und Gesellschaft*. Freiburg, Herder, 1974, p. 146.

Sobretudo em nossos dias é fundamental que a instituição, em suas doutrinas, normas e estruturas, desempenhe realmente um papel *mistagógico* de conduzir os fiéis a um encontro pessoal com Jesus Cristo, a uma fé consciente e livre, a uma experiência realmente salvífica, o que não se poderá realizar sem ter em consideração a pessoa concreta e os passos possíveis que pode dar no seguimento de Cristo. Trata-se, portanto, não de enunciar princípios ou normas gerais, mas sim de conduzir a pessoa a acolher e assumir tais princípios e normas em sua realidade existencial.[43] Tarefa urgente em nossos dias, já que a sociedade secularizada constitui um autêntico desafio à fé dos cristãos. Aqueles que se satisfazem com uma religião de práticas tradicionais ou de mera obediência às autoridades eclesiásticas constituem presa fácil dessa cultura atual e se afastam da Igreja. Falta-lhes a experiência salvífica com Deus, que daria consistência a sua fé, situação esta agravada pelas conhecidas deficiências da própria hierarquia.

Consequentemente é muito importante que tanto o conteúdo doutrinal quanto a norma moral sejam livremente "recebidos" pelo cristão, resultem de uma opção pessoal, conduzam o indivíduo a certa *imediatidade* diante de Deus, respeitem sua liberdade e sua consciência, tenham paciência com o processo de amadurecimento na vida cristã até que ele atinja a maioridade na fé.[44] A liberdade de consciência deve ser sempre resguardada,[45] mas a Igreja deve oferecer as adequadas orientações para que ela possa corretamente avaliar e decidir por si mesma quando se fizer mister. "A identidade cristã se funda sobre a decisão livre da fé."[46] Verdade a ser enfatizada na

---

[43] VALADIER, P. *Rigorisme contre liberté morale. Les Provinciales: actualité d'une polémique antijésuite*. Bruxelles, Lessius, 2013, p. 42.

[44] RAHNER, K. Der mündige Christ, *Schriften zur Theologie XV*. Einsiedeln, Benziger, p. 120.

[45] "Somos chamados a formar as consciências, não a pretender substituí-las" (AL 37).

[46] KASPER, W. *Teologia e Chiesa II*. Brescia, Queriniana, 2001, p. 238.

atual cultura que tanto preza a subjetividade como seu traço mais característico, embora dominada pela sua versão degradada do individualismo moderno.

O respeito à pessoa concreta que recebe a mensagem evangélica vai inevitavelmente ocasionar uma pluralidade de expressões da mesma verdade cristã. Pois, ao ser recebida e entendida como tal, e posteriormente expressa, ela o será necessariamente no horizonte de compreensão do receptor. Poderemos ter então expressões múltiplas da mesma verdade, indispensáveis para que a mensagem salvífica seja acolhida e, sobretudo, vivida. Hoje o processo de inculturação da fé já não encontra as resistências que experimentou no passado. Aceita-se que cada um pode ser cristão no interior de sua própria cultura e com a linguagem que dispõe, embora se trate de um processo lento e muito delicado. Naturalmente esse fato coloca um sério problema para o magistério eclesiástico, já que implicitamente afirma não existir uma linguagem universal, pois sempre se parte de um contexto sociocultural concreto e particular. Como vemos, o Papa Francisco está em perfeita sintonia com o Vaticano II e com as Assembleias do Celam (EG 115-118).

Ao afirmar que "uma única cultura não esgota o mistério da redenção de Cristo" (EG 118), o papa alude a uma verdade que merecia receber maior atenção por parte da Igreja. Pois a fé cristã tem a ver com o *mistério de Deus* que jamais poderá ser abarcado em sua totalidade, sendo que cada cristão o acolhe a partir de sua particularidade e assim também o expressa.[47] A história do cristianismo confirma o que afirmamos, resultando desse fato um enriquecimento da verdade revelada como reconheceu o Vaticano II (DV 8). Portanto, toda expressão doutrinal, sem deixar de ser verdadeira, será sempre parcial e historicamente condicionada, podendo ser enriquecida por

---

[47] LANGEMEYER, G. Einheit um Pluralität. In: GEERLINGS, E.; SECKLER, M. *Kirche Sein. Nachkonziliare Theologie im Dienst der Kirchenreform*. Freiburg, Herder, 1994, p. 241-253.

outras desde que não se contradigam. O que garante a unidade na pluralidade dos enunciados é a pessoa de Jesus Cristo, ao qual se referem todas as expressões.

Daqui podemos compreender a importância da *religiosidade popular* para a vida da Igreja. Trata-se de uma inculturação exitosa da fé cristã que, em termos simples e simbólicos, mediatiza realmente a opção de fé dos mais pobres, de uma fé que concretiza uma autêntica imediatidade com Deus, que lhe garante fundamento e consistência. A simplicidade da expressão não nos deve iludir sobre a seriedade do gesto. É a fé do povo, povo este que constitui sem dúvida a grande maioria dos membros da Igreja. Nesse mesmo sentido o que caracterizamos como o "sentido da fé", apropriação subjetiva do dado revelado guiada pelo Espírito Santo, constitui uma riqueza maior que as expressões doutrinais da teologia ou do magistério[48] e que deveria ser mais valorizada na Igreja apesar das sérias dificuldades em constatá-la concretamente.[49] O Papa Francisco deixa bem claro sua estima por essa percepção de cunho místico presente nos mais simples (EG 119; 31; 90; 123) e que constitui para ele um autêntico "lugar teológico" (EG 126).[50]

4. Uma reforma ecumênica?

Confrontando a reforma de Lutero com a de Francisco dentro da perspectiva deste estudo, podemos constatar preocupações, objetivos e conclusões bastante próximos. Assim, vemos que a questão de fundo constitui uma constante na história do cristianismo, sempre

---

[48] RAHNER, K. Dogmatische Randbemerkungen zur "Kirchenfrömigkeit". *Schriften zur Theologie V.* Einsiedeln, Benzinger, 1962, p. 391s.

[49] VITALI, D. Una chiesa di popolo: il *sensus fidei* come principio dell'evangelizzazione. In: YÁÑEZ, H. M. *Evangelii Gaudium: il texto ci interroga.* Roma, Gregoriana Biblical Press, 2014, p. 62-64.

[50] CHIRON, J-F. *Sensus fidei* et une vision de l'Église chez le pape François. *RSR* 104 (2016), p. 187-205.

retornando ainda que em contextos históricos diferenciados. Se o fundamental é a fé vivida, o encontro pessoal com Jesus Cristo, a opção consciente de moldar a própria vida conforme a do Mestre de Nazaré, então todo o resto não só constitui os "sinais desta fé", como afirma Santo Tomás de Aquino, mas também deve estar a serviço da mesma.[51] Com outras palavras, o que caracterizamos como a "instituição eclesial" constitui a mediação salvífica para os membros da comunidade eclesial. Vimos também que esta mediação deve expressar a comunhão e a participação de todos na Igreja, seja nas expressões doutrinais, seja nas opções morais, seja nas decisões pastorais. Entretanto, devido à diversidade dos cristãos, haverá inevitavelmente uma diversidade e, consequentemente, uma pluralidade[52] (não um pluralismo) que não elimina a unidade e sim a uniformidade.

Outra conclusão de nosso estudo diz respeito à impossibilidade de uma determinada Igreja esgotar e representar a *totalidade* da verdade cristã,[53] seja porque esta verdade remete ao mistério infinito de Deus, seja porque qualquer Igreja é uma realidade histórica que se autocompreende necessariamente condicionada pelo seu próprio contexto sociocultural. Temos sempre a verdade definitiva de Deus revelada em Jesus Cristo na forma provisória da compreensão humana.[54] Desse modo, poderá silenciar ou não devidamente acentuar certos componentes da fé, ou mesmo compreendê-los e expressá-los imperfeitamente. Constatamos já no interior da Igreja Católica *expressões plurais* de cunho doutrinal, litúrgico,

---

[51] Santo Tomás observa ainda ser a fé dos cristãos que sustenta a Igreja: "Fides est sicut fundamentum, ex cujus firmitate tota firmatur ecclesiae structura" (*Comentário aos Colossenses,* c.I, 1,5).

[52] PANNENBERG, W. Pluralismus als Herausforderung und Chance der Kirche. In: Id. *Kirche und Ökumene,* cit., p. 23.

[53] Ou da catolicidade da Igreja. Ver: LEPPIN, V.; SATTLER, D. *Reformation 1517-2017. Ökumenische Perspektiven.* Freiburg-Göttingen, Herder-Vandenhoeck, 2014, p. 73.

[54] PONTIFÍCIO CONSELHO PARA O DIÁLOGO INTER-RELIGIOSO. *Diálogo e anúncio.* São Paulo, Paulinas, 1996, n. 49.

pastoral, de organização comunitária, sem falar na convivência de teologias e espiritualidades diversas em seu seio que enriquecem a fé de seus membros.

Passado o clima polêmico do século XVI que perdurou até o Concílio Vaticano II reconhecemos, entretanto, que certas questões continuam separando as Igrejas cristãs, tais como a sucessão apostólica, o ministério ordenado, a compreensão da eucaristia, do papado, da própria noção de comunidade eclesial, os quais deverão ocupar os esforços ecumênicos dos próximos anos. Porém, outras diferenças podem ter brotado simplesmente de perspectivas de leituras diversas, embora inevitáveis, pois a grande Tradição nos chega através das tradições sempre parciais que mutuamente se corrigem e se complementam, como já observava Y. Congar,[55] e que poderão ser reconhecidas e acolhidas, tal como sucedeu com a Declaração Conjunta sobre a Doutrina da Justificação. Não estariam subjacentes a certas diversidades apenas um fator de cunho pessoal ou cultural?[56] Não seria possível que as Igrejas permaneçam, mas se tornem uma Igreja, como observava J. Ratzinger,[57] ou como se diz hoje "uma unidade na diversidade"?[58] Já Tomás de Aquino distingue as verdades de fé que concernem o fim, a saber, a própria salvação, e aquelas que dizem respeito aos meios salvíficos das quais brotam, sobretudo, as diferenças doutrinárias.[59] Também W. Pannenberg observa que as diferenças doutrinais não desfrutam de igual importância, dependendo de sua relação com o núcleo salvífico no mistério da pessoa de Jesus Cristo.[60]

---

[55] CONGAR, Y. *Diálogos de outono*. São Paulo, Loyola, 1990, p. 72.
[56] RATZINGER, J. A propos de la situation oecuménique. In: Id. *Faire route avec Dieu*. Paris, Parole et Silence, 2003, p. 239.
[57] Citado por: KASPER, W. *Katholische Kirche*. Freiburg, Herder, 2011, p. 436.
[58] MAIER, H. *Diversidade reconciliada: o projeto ecumênico*. São Leopoldo, Sinodal, 2003.
[59] THÖNISSEN, W. Hierarquia Veritatum. Eine systematische Erläuterung. *Catholica* 54 (2000), p. 183.
[60] PANNENBERG, W. Das protestantische *Prinzip* im ökumenischen Dialog. In: Id. *Kirche und...*, cit., p. 190.

Observação esta já expressa pelo Concílio Vaticano II em seu decreto sobre o ecumenismo ao falar da "hierarquia das verdades" na doutrina, conforme seu nexo com o núcleo da fé cristã (UR 11).

Sem pretendermos entrar na complexa questão da unidade eclesial num cristianismo que se encontra ainda dividido,[61] mesmo reconhecendo avanços consistentes no movimento ecumênico por parte de algumas Igrejas cristãs, não podemos deixar de verificar semelhanças patentes entre o impulso reformador de Lutero e o esforço de renovação empreendido pelo Papa Francisco. A tendência da instituição de se autopreservar, de centralizar o poder, de privilegiar a organização, de se instalar nas conquistas passadas, apesar da reforma de Lutero e do Vaticano II, continua viva no cristianismo. Esta constatação transforma a celebração dos quinhentos anos da Reforma do monge agostiniano num evento que diz respeito a *todos* os cristãos. Seu clamor profético ao reivindicar a dignidade e a liberdade do cristão em face da sociedade e da instituição eclesial continua atual em nossos dias. Seu fundamento está no encontro pessoal com Jesus Cristo[62] que vem a ser o objetivo da própria instituição.[63] Observemos, entretanto, que essa liberdade e essa consciência crítica em face da instituição *pressupõe* uma vivência qualificada de fé[64] que autentifique a crítica como nascida do amor autêntico a Cristo e como experiência sofrida com as deficiências da Igreja. Dessa experiência pessoal partiu Lutero, dessa mesma experiência empreende Francisco sua reforma.

---

[61] Para uma exposição mais completa ver o nosso texto: Ecumenismo e instituição eclesial. In: FRANÇA MIRANDA, M. *A Igreja numa sociedade fragmentada*. São Paulo, Loyola, 2006, p. 123-146.

[62] Na expressão de Lutero: "ob sie Christum treiben". Ver: PESCH, op. cit., p. 64.

[63] KASPER, W. *Martin Luther*, p. 24; PANNENBERG, W. *Systematische Theologie III*, cit., p. 146s.

[64] Como Bento XVI reconhecia em Lutero. Ver o Discurso ao Conselho da Igreja Evangélica em Erfurt, *La Documentation Catholique* 93 (2011), p. 932.

VII. EVANGELIZAR HUMANIZANDO?

Já é lugar-comum caracterizar este nosso tempo como uma autêntica mudança de época devido às profundas e diversificadas transformações socioculturais que experimentamos. Instituições sociais tradicionais como a família, a escola, as entidades políticas, a nação, bem com o patrimônio cultural e religioso, o etos social com seus valores e interditos, enfim todo este nosso mundo se vê, queira ou não, posto diante de desafios inéditos que atingem toda a humanidade de modo diverso, embora globalmente propagados pelos modernos meios de comunicação e com as mais refinadas técnicas. Naturalmente o cristianismo, enquanto presente nesta sociedade com a missão de proclamar a mensagem do Reino de Deus e de procurar torná-la realidade na história, se vê igualmente desafiado a repensar sua presença e sua atuação em nossos dias.

O título é provocativo, mas veremos que não constitui propriamente um dilema. Porém nos exige pensar juntamente criação e salvação, o humano histórico e o divino transcendente. Como descobrir o divino no humano sem torná-lo imanente? Nem confiná-lo ao âmbito do "religioso"? Ou reduzir o cristianismo a um simples humanismo, que o tornaria supérfluo? Naturalmente estas questões não surgiram de especulações de mentes ociosas, mas brotaram do próprio contexto sociocultural onde vivemos. Desse modo, elas se encontram necessária e intimamente relacionadas com a configuração do cristianismo, com sua tarefa evangelizadora, com sua própria compreensão. Não é à toa que tanto se fala hoje de uma "nova evangelização". Este estudo pretende ser uma modesta e limitada contribuição para esta temática. Ele nasceu do impacto que têm os *gestos humanitários do Papa Francisco* que alcançam um efeito universal na atual sociedade tão diversificada em suas crenças e mentalidades. Posteriormente, percebemos que o problema tem uma abrangência maior e diz respeito à presença do próprio cristianismo no mundo hodierno e à sua vocação missionária.

Vamos abordá-la em três partes. Começaremos descrevendo a realidade e a seriedade desses *desafios* para a fé cristã, que ameaçam torná-la incompreendida e inócua em sua realidade, dificultada em sua transmissão a novas gerações e consequentemente privada de uma presença pertinente na sociedade. Exporemos numa segunda parte os *pressupostos* básicos requeridos para uma nova modalidade da missão cristã no mundo, ainda que apresentados em linhas gerais. Finalmente, numa terceira e última parte, buscaremos mostrar como a promoção do que caracterizamos como "humanismo cristão" constitui o foco principal da nova evangelização, como se deve concretizar a *missão* cristã em nossos dias e que mudanças ela implica na *mentalidade* dos cristãos e nas *estruturas* tradicionais.[1]

1. Os desafios atuais

Quando imaginamos o que deveria ser a tarefa evangelizadora inconscientemente, pensamos no que marcou o passado missionário do cristianismo, dentro e fora da Europa, no primeiro e no segundo

---

[1] KAUFMANN, F. X. *A crise na Igreja. Como o cristianismo sobrevive?* São Paulo, Loyola, 2013, p. 95: "O cristianismo deve seu êxito histórico à capacidade de sempre interpretar a mensagem novamente à luz das diversas culturas. (...) Num tempo de mudança constante, o cristianismo também é desafiado a novas interpretações de sua mensagem e ao desenvolvimento de formas contemporâneas de comunitarização. Mas ele não poderá cumprir sua missão como adaptação, mas apenas em *contemporaneidade crítica*".

milênio. Nos primeiros anos teve o cristianismo figuras remarcáveis de sacerdotes e bispos, religiosos e leigos, dotados de muita coragem, muita fé e de muita ousadia em iniciativas originais. Depois de Constantino e da ascensão da religião oficial essa missão consistiu em cristianizar culturas, costumes e religiões no continente europeu. Nas terras de missão, sobretudo a partir do século XVI, a missão era mais árdua porque seu objetivo era dirigido a povos bem diversos dos europeus, com barreiras significativas de linguagem e de tradições nativas. Mas a presumida consciência da superioridade da cultura ocidental e a forte convicção da verdade do cristianismo, aliadas naturalmente ao poderio bélico, ajudaram, sem dúvida, a conquistar para a fé cristã muitos nativos da África, da Ásia e da América Latina. De fato, mesmo reconhecendo o heroísmo de muitos missionários, sabemos que toda evangelização necessita de mediações para se fazer ouvida e seguida. A visão cristã do mundo dominava nestes séculos, caracterizados posteriormente como a época de *cristandade*. Sabemos que nos séculos mais recentes ela viu seu campo de influência ser reduzido com o advento da sociedade pluralista e secularizada, deixando cada vez mais de constituir a abóboda comum daquelas sociedades, outrora comprovada por sua presença e atuação marcante no setor político, cultural, econômico, ético e familiar.

Com o advento da modernidade, a sociedade homogênea e cristã do passado chega a seu fim. A hegemonia da razão, a liberdade de pensamento e de opção religiosa, a autonomia do Estado, o pluralismo cultural, entre outros fatores, conduziram ao nascimento do Estado leigo, de uma sociedade pluralista, tanto cultural quanto religiosa, de visões diferentes da realidade e de convicções diametralmente opostas tendo que conviver simultaneamente, de mundos fragmentados com linguagens e práticas próprias. Essa realidade polimorfa agravada pelas rápidas e sucessivas transformações, priva o cristianismo de sua indispensável *mediação social*, tornando sua linguagem, em alguns casos, ininteligível para muitos e enfraquecendo assim sua atuação apostólica.

O fato de não mais determinar a ética e não mais fundamentar o político apareceu para muitos cristãos como sinal de fraqueza do cristianismo no mundo atual, já que eles haviam se acostumado com um cristianismo dotado de maior poder e raio de influência. Outros, que não são cristãos e consideram o cristianismo apenas como uma realidade social e histórica, achavam que o cristianismo seria a religião do fim da religião, pois a sociedade tornada adulta e emancipada de qualquer tutela de cunho religioso dispensa daqui para a frente qualquer justificação que não provenha da razão humana. No fundo, tanto uns como outros se encontravam limitados a uma leitura meramente funcionalista do cristianismo e sentiam dificuldade em imaginá-lo com uma configuração histórica diversa daquela que vigorou a partir de Constantino.

Porque o advento do Estado leigo e da sociedade secularizada não implica sem mais o desaparecimento da religião. De fato, a laicidade não exclui a presença e atuação de grupos religiosos mesmo na esfera pública, como pretendeu, por razões históricas bem determinadas, o laicismo francês, exceção em meio aos demais Estados leigos no mundo atual, que sabem receber a colaboração de entidades religiosas mantendo sua autonomia de direito. Observemos também que a sociedade secularizada não implica que seus membros também estejam secularizados. Pelo contrário, o que vemos hoje é uma inflação de religiosidades de todo tipo, algumas bastante ambíguas, e que denotam a busca de muitos de nossos contemporâneos por sentido, orientação e ajuda para se enfrentarem com os inúmeros desafios desta vida, já que a cultura atual carece de valores e ideais consistentes para lhes oferecer, limitando-se aos imperativos do bem-estar e do êxito financeiro. Realmente hoje a linguagem dominante é de cunho funcional, desqualificando como inócuo o discurso religioso e como utópico o discurso ético.

Como proclamar o Evangelho numa tal sociedade com tal diversidade cultural e religiosa? Dever-se-ia assumir a bandeira da inculturação da fé e oferecer discursos e práticas plurais respeitando as idiossincrasias de cada grupo social? Não perderia desse modo o cristianismo em nitidez e unidade? Ou, pelo contrário, como opinam outros, dever-se-ia configurar diversamente, já que o cristianismo constitui uma contínua interpretação do evento Jesus Cristo ao longo da história e só assim mantém sua identidade, sua pertinência salvífica e sua atualidade? Não permaneceu o cristianismo demasiado preocupado com sua própria sobrevivência após o fim da cristandade, fechado em si mesmo, e pouco ousado em se lançar na missão de evangelizar esta sociedade complexa que tem diante de si? E como poderia fazê-lo diante de um público tão diversificado? Haveria uma linguagem de tal modo universal que pudesse ser captada por todos?

Estas interrogações apontam para o atual desafio de uma autêntica evangelização, que se apresenta em diversos campos da missão cristã. Começaremos pelas instituições confessionais, que são as que mais sentem o problema. Veremos como esse desafio atinge sem mais outras instituições sociais e os demais areópagos a serem evangelizados e, até mesmo, as comunidades cristãs.

Muito brevemente e reconhecendo de antemão a necessidade de maiores precisões de cunho histórico, podemos constatar a existência e a atuação das *instituições cristãs* no período caracterizado como o tempo da cristandade. Nessa época o espírito cristão teve a iniciativa de criar instituições que aliviassem os sofrimentos das camadas mais pobres da sociedade, tais como casas de misericórdia, asilos, hospitais, albergues, leprosários etc. O mesmo se deu na área da educação, com escolas e colégios, tendo mesmo a universidade sua origem graças ao cristianismo. Seja no setor assistencial, seja no setor educativo, as instituições confessionais dessa época supriam o que a sociedade não oferecia. Naturalmente, devido ao fato de os membros dessa sociedade serem cristãos, a evangelização se realizava, seja pelo testemunho de vida dos responsáveis, seja pelo anúncio explícito da Palavra de Deus, seja pela prática sacramental. Desse modo, ao remediar os sofrimentos corporais ou formar as mentes dos alunos se transmitiam valores cristãos, portanto, a pastoral já estava aí presente e atuante.

Com o advento da modernidade, a sociedade homogênea e cristã do passado chega a seu fim. Já vimos os fatores que geraram esta sociedade leiga e pluralista, na qual o poder civil assume o lugar das instituições cristãs no âmbito assistencial e educativo. Preocupadas em proteger seus membros desta sociedade heterogênea e vista como hostil à sua mensagem, as instituições cristãs assumem um posicionamento contracultural e criam "redutos de cristandade" para poder dar assistência e instrução a seus membros em ambientes preservados. Desse modo, por exemplo, nas escolas, universidades e hospitais católicos se respiravam valores cristãos e a formação religiosa acontecia naturalmente, por se dirigir a um público católico, portanto homogêneo.[2]

Em nossos dias um maior controle do Estado em nossas instituições educativas e assistenciais, seja em vista de uma uniformização em relação às demais instituições não confessionais, seja pela ajuda financeira que elas necessitam para sobreviver, acaba por abrir suas portas a um *público diversificado* e nem sempre em sintonia com a identidade confessional destas mesmas instituições. De um lado, não podemos renunciar ao múnus da evangelização, pois nossas instituições perderiam seu sentido; de outro lado, não podemos obrigar aqueles que nos procuram e que não compartem nossa fé a se submeterem a um discurso que não querem ouvir. Este desafio vem sendo objeto de estudo e de discussão em vários países, sobretudo no setor da educação. As propostas de solução são numerosas, indo desde o

---

[2] KOMONCHAK, J. A. Modernity and the Construction of Roman Catholicism. *Cristianesimo nella Storia* 18 (1997), p. 353-385.

ensino de várias religiões até o outro extremo de absoluto silêncio sobre temas religiosos.[3]

Tal desafio se vê engrandecido quando o público meta da evangelização é a nossa própria sociedade, complexa, diversificada, tolerante, desprovida de referenciais consistentes, aberta às diferentes opiniões, incontrolável no afã de converter qualquer realidade ou atividade em mercadoria, entupida de tantas informações que não consegue digerir, forçando seus membros a uma vida acelerada, superficial, consumista, horizontal, sempre sob a pressão da concorrência e da produtividade máxima. Neste contexto sociocultural instável e em contínua transformação, como evangelizar? Alguns podem se enganar apresentando manifestações cristãs, sobretudo de cunho devocional, sem perceber que, em boa parte dos casos, estamos às voltas com um cristianismo cultural, o qual, de fato, não tem real incidência na vida dos que o aceitam. Além disso, numa sociedade onde proliferam múltiplas mentalidades e correspondentes leituras da realidade, também as realidades cristãs recebem interpretações espúrias, sem que as instituições cristãs possam impedi-lo. Desse modo, publicações que exploram temas cristãos por serem, de certo modo, familiares a muitos, deturpam seriamente as verdades da fé e assim distanciam as pessoas do seu autêntico significado.

Sem dúvida, ainda encontramos em nosso país "bolsões" de um cristianismo pré-moderno, sobretudo nas camadas mais simples da sociedade, cuja fé é real e profunda, embora frequentemente expressa de modo imperfeito e até simplista. Mas a chegada dos modernos meios de comunicação nos demonstra que tais bolsões têm seus dias contados, como comprova a dificuldade dos pais em transmitirem sua fé aos filhos, já atingidos pela atual cultura. Outro obstáculo à evangelização na atual sociedade, ainda dotada de uma

---

[3] Para o setor do ensino ver H. Derroitte, H. Cours de religion catholique et pluralité religieuse, *Revue Théologique de Louvain* 41 (2010), p. 57-85.

certa religiosidade cristã, seja ela cultural ou não, provém da própria instituição cristã ao transmitir determinada imagem de Deus que não bem traduz o Pai revelado por Jesus Cristo, dando uma ênfase maior ao pecado do que à graça, demonstrando uma preocupação doutrinal que deixa em segundo plano o lado existencial e místico da fé, priorizando uma hipertrofia do poder em detrimento do serviço (diaconia), relegando consequentemente o laicato a uma massa passiva e sem voz, em contraste com a mentalidade atual que exige a participação de todos na construção da convivência social. E a maioria de nossos contemporâneos não dispõe de estudos teológicos para saber distinguir o que deve ser uma comunidade cristã de suas configurações históricas menos fiéis a sua verdade.

No fundo estamos afirmando que a evangelização não pode prescindir da *pessoa real* à qual se dirige. O ser humano em geral não existe, e a mensagem cristã é uma mensagem salvífica, que se deve confrontar com os anseios e as dificuldades bem concretas presentes em nossos contemporâneos. Para isso, deve ela escutar mais a sociedade (EG 171), suas carências e suas realizações, seus inconformismos e seus valores, suas motivações e suas frustações. Deus também nos fala através dos "sinais dos tempos", Deus também age nas pessoas distantes de um cristianismo professado, Deus se serve sempre de mediações humanas na condução da história. Aceito isto, o problema se agrava, pois esta sociedade não é homogênea, mas polifônica, lançando nos ombros das instituições cristãs uma tarefa que as ultrapassa. Pois teria de dispor de quadros suficientemente amplos para apresentar uma pluralidade de discursos adequados à diversidade plural dos ouvintes, pluralidade essa sempre em contínua transformação, como nos demonstra a história. Realmente, uma missão impossível!

Mesmo num ambiente mais tranquilo e homogêneo como o são as comunidades cristãs estabelecidas, como as paróquias, o desafio, embora em escala menor, continua presente. Mesmo reconhecendo a força evangelizadora da Palavra de Deus, da celebração dos sacramentos, do contato com autênticos cristãos, nos perguntamos se essa evangelização chega de fato a merecer este nome para a maioria dos seus frequentadores. Pois boa parte deles busca esta instituição para receber sacramentos, fazendo dela mais uma agência de serviços do que propriamente uma comunidade humana cristã. Daí a multidão de batizados não devidamente evangelizados, daí igualmente a ausência de uma experiência real de vida comunitária, ou a dificuldade séria de fazer do cristão um discípulo missionário, já que o sentido último de toda vocação cristã é sua índole missionária. Naturalmente urge uma nova configuração das comunidades cristãs, especialmente nas cidades, mas importante aqui é reconhecer que também nestes ambientes mais selecionados a questão da evangelização retorna sempre. Sem dúvida, a iniciação cristã proposta no *Documento de Aparecida* significa um passo adiante em vista desta questão. Mas para realizá-la a paróquia deverá certamente se transformar.

1. Uma possível resposta aos desafios?

Não pretendemos aqui oferecer uma solução pronta para tais desafios. Falta-nos a competência e a experiência nos vários âmbitos sociais onde aparecem esta problemática. Porém, podemos considerá-la com outros olhos, levando a sério o atual contexto sociocultural no qual vivemos. Motivou-nos as palavras do Papa Francisco em sua Exortação apostólica *A alegria do Evangelho*: "Convido todos a serem ousados e criativos nesta tarefa de repensar os objetivos, as estruturas, o estilo e os métodos evangelizadores das respectivas comunidades" (EG 33). Assim, vamos tentar oferecer uma *nova perspectiva de leitura* que possibilite uma saída para o atual impasse. Nova em relação ao passado, porque, queiramos ou não, temos sempre diante dos olhos o que foi considerado válido e eficaz na época da cristandade. Muitos a veem como uma época de ouro do cristianismo ao silenciar suas lacunas e seus erros. De qualquer modo, naqueles anos o ardor missionário do cristianismo estava voltado para outros povos situados fora da Europa e a pastoral consistia, em grande parte, na transmissão da fé às novas gerações através de uma boa formação religiosa e da oferta de meios de santificação, especialmente das devoções e dos sacramentos. Era uma pastoral que hoje caracterizamos como "pastoral de manutenção" e que se revela insuficiente em nossa sociedade secularizada e pluralista.

Pois o nosso público, como já acenamos anteriormente, é um público altamente diversificado, que espelha a atual sociedade, mesmo no interior das instituições cristãs. Pois estas abrigam inevitavelmente não só bons cristãos, mas também cristãos não evangelizados, cristãos de diversas confissões, adeptos de outras religiões, ou ainda pessoas avessas a qualquer credo religioso. Só esta realidade já exigiria uma pluralidade de discursos e práticas que se comprova irrealizável em nossas instituições. Daí surge a pergunta: Seria possível uma pastoral com tal grau de *universalidade* que pudesse ser pertinente, captada, aceita e seguida pelos diversos grupos humanos presentes na sociedade? Naturalmente essa pastoral deveria provir do Evangelho para ser realmente uma pastoral cristã. Permite o Evangelho uma nova perspectiva de leitura do próprio cristianismo que abrisse a possibilidade de uma nova pastoral? Tais questões vão dirigidas à teologia à qual incumbe refletir sobre a fé cristã. Tal será nossa abordagem.

Por conseguinte, pretendemos oferecer uma alternativa à prática pastoral que consiga, de um lado, sensibilizar diferentes mentalidades e crenças, e, de outro, se manter fiel à mensagem evangélica. Começaremos por apresentar os *pressupostos teológicos* indispensáveis para podermos compreender a correta missão do cristianismo em vista desta atual sociedade. São eles a pessoa de Jesus Cristo ao anunciar e realizar o Reino de Deus, a necessária distinção entre fé e religião e o caráter simbólico do cristianismo. Na parte final, veremos a importância do humanismo cristão, a missão cristã em nossos dias, e as necessárias e urgentes mudanças nas instituições cristãs, justificando assim a *nova estratégia pastoral* aqui sugerida.

2. Pressupostos teológicos

A. Jesus e o Reino de Deus

Não podemos falar de Jesus Cristo sem incluir a realidade do *Reino de Deus*. Sua pessoa, sua pregação e suas ações ficariam incompreensíveis sem uma clara referência ao objetivo primordial de sua existência. Pois Jesus nunca escondeu ter sido *enviado* pelo Pai para levar à plenitude o desígnio salvífico de Deus. Este desígnio começa já com a criação, pois através dela Deus quer fazer a humanidade participar de sua felicidade e de sua vida eterna, felicidade esta que deverá ter início já neste mundo. E como o ser humano é essencialmente social, este desígnio salvífico não se limita apenas ao indivíduo, mas diz necessariamente respeito à sociedade. Sabemos, entretanto, que o pecado, enquanto fechamento a Deus e ao próprio semelhante, constituiu um entrave à realização do projeto divino. Daí a necessidade de educar um povo, de constituí-lo como seu povo através da Torá e de líderes como Abraão, Moisés e os profetas.

O Reino, já antes de Cristo, era uma realidade em curso, a qual constituiu mesmo o quadro de referência que deu sentido às palavras e às ações do próprio Jesus Cristo. Pois ao começar sua vida pública proclamando que "cumpriu-se o tempo e o Reino de Deus está próximo: convertei-vos e crede no Evangelho" (Mc 1,15s), Jesus atesta que este Reino definitivamente *irrompe em sua pessoa*. Daí que toda a sua vida consistirá em promover este Reino. Não um Reino confinado à interioridade da pessoa, já que necessariamente atinge também as condições concretas em que ela vive. Assim, suas ações buscam socorrer os que sofrem, os marginalizados, os desesperançados, os pecadores, os pobres (Mt 11,5). Suas palavras visam à implantação de uma sociedade fraterna e justa na obediência à vontade de Deus, realizando a soberania divina e levando à plenitude o amor fraterno já presente no povo da antiga aliança. O povo de Deus pode ser considerado como a família de Deus, pois seus membros são filhos do mesmo Pai e irmãos entre si (Mt 12,48-50). Mas também pode e deve ser considerado uma *sociedade alternativa* à sociedade marcada pelo egoísmo humano, pela injustiça e pelo sofrimento dos mais fracos.[4] Pois ao cristianismo incumbe ser a própria sociedade querida por Deus, redimida por Cristo, animada pelo Espírito, antecipação da comunidade celeste, pois nela não só se prega, mas se vive a liberdade, o amor e a justiça.[5] "Deus, em Cristo, não redime somente a pessoa individual, mas também as relações sociais entre os homens" (EG 178).

Portanto, a fé cristã se dirige não a um Deus qualquer, mas ao Deus de Jesus Cristo, ao *Deus do Reino*, ao Deus cuja ação salvífica na história humana busca realizar uma convivência fraterna entre os seres humanos (EG 180). Esta ação se realiza através de homens e mulheres que, vencendo suas tendências egocêntricas, se dedicam a ajudar os mais necessitados e a viver a aventura do amor cristão. "Uma fé autêntica, que nunca é cômoda nem individualista, comporta sempre um profundo desejo de mudar o mundo, transmitir valores, deixar a terra um pouco melhor depois da nossa passagem por ela" (EG 183). Portanto, crer no Deus do Reino implica sintonizar com seu plano salvífico, incutir amor e justiça nesta sociedade individualista, ser um fator de humanização da mesma, numa palavra, como Jesus viver descentrado de si mesmo e voltado para

---

[4] Para uma fundamentação de cunho bíblico sobre o sentido do Reino de Deus que adotamos, ver G. Lohfink, *Deus precisa da Igreja? Teologia do povo de Deus*, São Paulo, Loyola, 2008.

[5] LOHFINK, G. *Jesus von Nazareth. Was er wollte, wer er war*. Herder, Freiburg, 2011, p. 338; tradução em inglês: *Jesus of Nazareth. What He Wanted, Who He Was*, Collegeville, Liturgical Press, 2012, p. 237.

seu semelhante. Esta é a *verdadeira fé que atua pelo amor* (Gl 5,6). Consequentemente, toda a missão do cristianismo consiste em proclamar essa oferta do Reino. Toda a sua ação evangelizadora consiste em levar homens e mulheres a trabalhar pela realização deste Reino. "Evangelizar é tornar o Reino de Deus presente no mundo" (EG 176). Nisto consiste fazer a vontade do Pai como o fez Jesus, nisto consiste ser discípulo de Jesus, nisto se caracteriza *essencialmente* a pastoral cristã. Numa palavra, Deus sempre age na história através de mediações humanas, como nos comprova a própria Bíblia.

B. A distinção entre fé e religião

Quando falamos de cristianismo, pensamos logo numa das religiões da humanidade sem nos darmos conta do *modo peculiar* com que o cristianismo pode ser considerado mais uma religião. Nos Evangelhos Jesus demonstra em suas ações e em suas palavras um certo distanciamento da religião do seu tempo. Pois relativiza o templo de Jerusalém (local sagrado), o dia de sábado (tempo sagrado), as autoridades religiosas (pessoas sagradas), as tradições religiosas, sempre em favor do *ser humano em necessidade*, como nos atestam os vários episódios narrados pelos evangelistas. Sua missão em vista da realização do Reino de Deus não estava voltada para doutrinas, ritos, leis, prescrições morais, práticas religiosas, mas simplesmente para o amor, o perdão, a convivência pacífica, a partilha dos bens, a paz e a justiça na sociedade. O sagrado para Jesus era o próprio *ser humano* (Lc 10,25-37; Mt 25,31-46). Para ele, o relacionamento com o Deus do Reino não podia descartar o próprio semelhante nem ignorar as condições reais em que vivia. Jesus retoma, assim, uma linha profética que lhe trará problemas com as autoridades religiosas de seu tempo.

Quando pensamos em *religião* nos vem imediatamente à mente doutrinas, ritos, normas, autoridades, que caracterizam um grupo social, distinguindo-o de outros grupos religiosos. O sagrado se encontra nestes elementos e a pessoa religiosa deve aderir aos mesmos, submetendo-se a suas prescrições de cunho doutrinal, ético ou ritual. Cria-se assim uma separação entre a esfera do sagrado e o âmbito do profano, a saber, da vida concreta. Com razão se observa que as religiões, por se distinguirem entre si, acabam por se considerarem rivais e provocarem conflitos na humanidade, como realmente nos comprova a história. Não podemos afirmar que Jesus pretendeu o fim da religião, mas devemos sustentar que seu projeto implicava outra modalidade de religiosidade que não separava sagrado e profano, que assumia plenamente a vida humana com toda a sua riqueza e complexidade, que unia o culto ao Pai com o cuidado com o irmão, que determinava se dar o encontro com Deus nas próprias opções cotidianas em favor do projeto de Deus.[6]

Já foi sugerida a distinção entre fé, crença e religião.[7] A *fé* consistiria numa resposta *pessoal e consciente* ao convite de Deus em Jesus Cristo pela orientação da *própria vida* em vista da realização do Reino de Deus na humanidade. Portanto, ela implica uma entrega confiante ao Deus de Jesus Cristo que acaba por estruturar toda a vida do cristão. A *crença* diz mais respeito aos dogmas e às doutrinas diversamente entendidos e acolhidos pelas pessoas, herdados de uma tradição familiar que prescinde de convicções firmes e refletidas. *Religião* já indicaria o conjunto de leis, normas morais, práticas cultuais, devoções, que caracterizam uma comunidade de fiéis. A história do cristianismo nos mostra que a época de cristandade possibilitou para muitos o acesso a crenças e à religião cristã, mas não a uma fé consciente. Daí o afastamento de muitos em nossos dias quando a sociedade pluralista e secularizada já não sustenta tal religiosidade.

A fé implica mais do que pertencer à religião cristã. Pois atinge e transforma a totalidade da pessoa pelo acolhimento consciente de

---

[6] CASTILLO, J. M. *La humanización de Dios. Ensayo de Cristología*. Madri, Trotta, 2009, p. 93-117.
[7] MOINGT, J. *Croire quand même*. Paris, TempsPrésent, 2010, p. 34-44.

Jesus Cristo: como *caminho* tornando-se seu discípulo, como *verdade* interpretando toda a realidade a partir de sua pessoa e como *vida* experimentando seu Espírito, que nos faz relativizar as limitações e os sofrimentos próprios da condição humana.[8] Pela fé em Deus Transcendente, a pessoa se abre para além de si mesma, vence a prisão de seu egoísmo, sente-se levada por uma força que a liberta para os outros, experimenta que Deus se encontra no ser humano acolhido e, portanto, na realização de seu Reino entre nós. Pois o Deus de Jesus Cristo não pode ser isolado de seu projeto salvífico, assim como o amor a Deus não pode prescindir do amor fraterno. A fé nos lança nesta aventura que é a existência humana no seguimento de Cristo e na fidelidade a Deus, ao nos tornar conscientes de nossa responsabilidade na história. A fé cristã é, portanto, essencialmente missionária, porque nos torna participantes ativos no projeto de Deus, nos faz experimentar estar em sintonia com Deus e sentir a alegria de levar vida aos outros (EG 10).

Por outro lado, a centralidade da fé que opera pela caridade no relacionamento com Deus não exclui que a mesma se expresse em doutrina, ganhe corpo no culto, se submeta a normas morais e se institua como comunidade de fiéis. Mas já Santo Tomás de Aquino observava: a religião não é a fé, apenas os sinais exteriores que a manifestam (*S.Th.* II-II, 94, 1 ad 1). Naturalmente a vida da fé necessita de tais sinais exteriores que a tornam mais consciente, mais forte, mais lúcida. Entretanto, nos perguntamos se o cristianismo não se prendeu demasiado à dimensão religiosa da fé cristã, deixando em segundo plano sua dimensão mais propriamente *evangélica*. Quantos de nossos contemporâneos conhecem apenas fragmentos secundários da fé, que os impedem de chegar ao "coração do Evangelho", à "beleza do amor salvífico de Deus manifestado em Jesus

---

[8] ROLLET, J. Religion et Foi. In: DORÉ, J.; THEOBALD, Ch. (dir.). *Penser la Foi. Mélanges offerts à Joseph Moingt.* Paris, Cerf, 1993, p. 311.

Cristo" (EG 36). "O Evangelho convida, antes de tudo, a responder a Deus que nos ama e salva, reconhecendo-o nos outros e saindo de nós mesmos para procurar o bem de todos" (EG 39). E um cristão que se prende a enunciados doutrinais ou práticas tradicionais se desestabiliza com as questões que lhe são postas, e pode tornar-se intolerante e até agressivo.[9]

C. O cristianismo como realidade simbólica

Entretanto, reduzir o cristianismo a um humanismo evangélico não equivaleria a vê-lo desaparecer? Onde estaria sua identidade? Onde estaria sua referência a Deus, a uma realidade transcendente? Estas questões nos pedem uma reflexão sobre a *natureza simbólica* do próprio cristianismo. Como pode Deus, mantendo sua transcendência, se fazer presente e atuante em nosso mundo, a não ser através de símbolos?[10] Pois estes apontam para além de si próprios, remetem a outra realidade, deixam transparecer neles o que não são. Não são meros sinais convencionais, como os semáforos do tráfego. Pois, de fato, *participam e partilham* de algum modo da realidade neles simbolizada. A tal ponto, que se pode dizer que neles a realidade transcendente está presente e atuante. Esta afirmação vale tanto para uma celebração sacramental como para a vida de um santo. De fato, no cristianismo tudo é simbólico: a Bíblia, a comunidade eclesial, os sacramentos, a Palavra de Deus, os dogmas, os pronunciamentos do magistério, pois sua finalidade última ultrapassa sua materialidade remetendo a pessoa para Deus. E como Deus se revela ao vir nos salvar, tais símbolos são *sinais salvíficos* que devem ser captados e aceitos pelo ser humano para tornar realidade o que significam.

Entretanto, para que o símbolo possa ser compreendido como tal, é importante que *seja captado ou interpretado* em sua verdade

---

[9] ROUET, A. *L'étonnement de croire*. Paris, Atelier, 2013, p. 168s.
[10] Ver: HAIGHT, R. *Dinâmica da Teologia*. São Paulo, Paulinas, 2004, p. 149-187.

simbólica. Só assim ele pode comunicar o que pretende. Para isto deve haver um olhar, um interesse, uma participação da pessoa na realidade simbolizada. Deve haver um envolvimento existencial, subjetivo, e até mesmo experiencial para que o símbolo possa se manifestar em toda a sua verdade. Caso contrário, serão considerados apenas em sua realidade finita e como tal mal interpretados. Nesse ponto já vislumbramos duas causas entre outras para certa indiferença religiosa. A primeira vem dos próprios símbolos cristãos não devidamente entendidos, por se apresentarem numa linguagem incompreensível para muitos, como nos comprovam algumas formulações doutrinais e certos textos litúrgicos.[11] A segunda é mais desafiante, pois provém da própria sociedade pluralista, onde muitos carecem do horizonte interpretativo próprio da fé cristã. Com outras palavras, carecem de uma intencionalidade religiosa explícita e consciente.[12] Como evangelizar, como fazer para levá-los a acolher as verdades salvíficas presentes nesses símbolos, se lhes falta o olhar adequado? Daqui brota ainda uma outra interrogação: Que símbolos cristãos poderiam sensibilizá-los para a fé?

Uma primeira resposta estaria na própria *vida do cristão* como realidade simbólica. Pois "perseverar na prática do bem" (Rm 2,7) em nossa atual sociedade contém em si uma referência inequívoca a Deus. Vejamos. O ser humano está continuamente manifestando através de seu comportamento o que tem no coração. Seus ideais, seus valores, seus sentimentos se tornam *inevitavelmente visíveis* através de seus gestos e de suas palavras. A *vida concreta* do cristão remete à sua fé no Deus de Jesus Cristo, no Deus do Reino, pois somente sua fé pode explicar um comportamento que destoa, muitas vezes, do que encontramos na sociedade. Somente sua fé indica o mistério da cruz, pois não se ama sem renunciar a si próprio e a seus interesses.

---

[11] "Desse modo, somos fiéis a uma formulação, mas não transmitimos a substância" (EG 41).
[12] DUPRÉ, L. *L'autre dimension. Essai de philosophie de la religion*. Paris, Cerf, 1977, p. 126.

O *testemunho de vida* do cristão aponta assim para *Jesus Cristo vivo*, que atualmente determina, orienta, dá sentido e força para sua existência. Em si ele irradia Deus para seus contemporâneos, como o fizeram um Francisco de Assis ou uma Teresa de Calcutá. De fato, somos cristãos porque acolhemos o testemunho de vida dos que nos precederam, nossos pais ou outros.[13]

Depois do que vimos sobre o Reino de Deus e o sentido último do cristianismo, a saber, promover uma humanidade querida por Deus, tendo Jesus Cristo como protótipo que a possibilita através da ação de seu Espírito, ganha o *testemunho de vida* uma enorme importância devido à dificuldade de uma proclamação universal da mensagem cristã na atual diversidade da nossa sociedade pluralista. Já Paulo VI afirmava que nossos contemporâneos escutam mais as testemunhas do que os mestres, e se escutam estes últimos é porque eles são testemunhas (*Evangelii nuntiandi* 41). A coerência ética na vida concreta, a sensibilidade pelos mais desfavorecidos, a compaixão pelos sofridos, são traços essenciais da fé cristã realmente vivida e, sobretudo, também *captados pela nossa atual sociedade* em meio a todas as diferenças nela encontradas. Estes traços não podem ser realidade apenas em alguns personagens que se destaquem, mas dever-se-ia tornar uma fonte de questionamento para qualquer cristão. Portanto, um *modo de existência* que atinge a todos, que interpela, que arrasta, numa palavra, que evangeliza. Mas que exige de cada cristão maior *coerência* entre sua fé professada e sua vida concreta, maior preocupação com o ser humano do que com doutriná-lo, agregá-lo ou conquistá-lo para o nosso meio.

Porém, nossa questão só foi *parcialmente* respondida. Pois ela suscita imediatamente outras perguntas: Por que esse testemunho de vida toca tanto aos nossos contemporâneos? Como esta linguagem

---

[13] Ver: FRANÇA MIRANDA, M. *A Igreja que somos nós*. São Paulo, Paulinas, 2013, p. 184-189.

pode ser captada por todos e, portanto, se constituir como linguagem universal? É o que veremos a seguir.

3. Uma Nova Evangelização?

Poderíamos iniciar esta parte lançando a pergunta: por que nova? Pois a mensagem salvífica do cristianismo é sempre a mesma e é afinal o que o caracteriza e identifica desde os seus primórdios como o anúncio da Boa-Nova do Reino (Mt 4,23), pelo qual Cristo deu sua vida e ressuscitou como Paulo transmitia aos cristãos de Corinto (1Cor 15,3s). A novidade, portanto, não diz nem pode dizer respeito à mensagem cristã, mas ao *modo* de anunciá-la. Pois a sociedade sofreu transformações substanciais nas últimas décadas. Assistimos ao final da época de cristandade. O cristianismo se depara com um outro cenário que dele exige mudanças em seu posicionamento diante da sociedade, em sua linguagem, em suas práticas. Então, entendemos a razão de ser do Concílio Vaticano II, das Assembleias do Celam, da intencionalidade presente nas Encíclicas de João Paulo II e de Bento XVI, bem como nas atitudes e nas palavras do Papa Francisco. Sendo a *missão* a razão de ser do próprio cristianismo, tocar na compreensão da mesma e na modalidade de sua atividade significa, em última instância, tocar no próprio cristianismo. Por isso mesmo sua configuração histórica se transformou (e continuará sempre se transformando, quando se fizer necessário) em vista de sua missão evangelizadora, como nos ensina o passado.

A. O humano cristão

No ponto a que chegamos já dispomos de uma base suficiente para pôr em evidência traços e valores especificamente cristãos, mas que não apareciam como tais no passado. No fundo se trata de repensar o cristianismo a partir do *Evangelho*, recuperando sua simplicidade e sua profundidade, sem mencionar ainda sua universalidade. Desse modo, poderemos corrigir o hiato entre a fé e a vida, entre o cristianismo e a sociedade, entre o sagrado e o humano, realidades que, embora distintas, estão profundamente unidas. À luz do Reino de Deus, proclamado e realizado na existência terrena de Jesus de Nazaré, o cristianismo não se vê tanto como uma religião entre outras, embora deva recorrer a uma linguagem simbólica, possível de ser captada pela humanidade em cada etapa de sua história, já que se refere a uma realidade transcendente não circunscrita ao nosso mundo finito e limitado. Julgamos que a realidade do Reino de Deus, objetivo primeiro da atividade salvífica de Jesus Cristo, não foi devidamente valorizada na história do cristianismo, nem adequadamente compreendida por ter sido *espiritualizada*. Dessa forma, sofreu o cristianismo ao longo dos séculos certas patologias por influência de interpretações unilaterais que, ainda hoje, povoam o imaginário de muitos dos nossos contemporâneos levando-os à rejeição da verdadeira fé cristã. Num tempo em que experimentamos uma desvalorização da pessoa humana sacrificada a uma racionalidade funcional e produtiva, na qual o ser humano é somente uma peça de reposição, em que assistimos ao crescimento das violências e das desigualdades sociais, a uma crescente indiferença pelos sofrimentos alheios expostos diariamente pela mídia, não é de admirar que vozes se façam ouvir em defesa de um humanismo autêntico.

Entretanto, este humanismo se apresenta como um humanismo "fechado" ou "imanente", já muito bem descrito por Charles Taylor, que aponta também com lucidez seus pontos fracos.[14] Certa separação entre o divino e o humano que chegou até a certa oposição no cristianismo passado foi um dos fatores que ocasionou o emergir de um humanismo sem transcendência, ou melhor, cuja transcendência se encontra no próprio ser humano, sua dignidade, sua liberdade, sua bondade, prescindindo completamente de um recurso a qualquer realidade "de fora". Desse modo, a vida vivida com autenticidade constitui o local do "sagrado" sem necessidade alguma da religião.

---

[14] TAYLOR, Ch. *Uma era secular*. São Leopoldo, Ed. Unisinos, 2010, p. 633-696.

Esta é a tese defendida, entre outros, por Luc Ferry[15] que busca fundamentar um humanismo meramente laico, rejeitando qualquer dado que não provenha da razão, como vindo meramente da autoridade, apoiando-se numa concepção vertical de revelação ausente hoje em qualquer sã teologia, e cedendo à tentação racionalista já que a razão não consegue fundamentar-se a si própria,[16] sem falar também que a mesma só pensa a partir do chão da história e dos horizontes hermenêuticos que lhe estão disponíveis. Também é interessante observar que os ideais e valores propugnados pelo autor denunciam claramente suas raízes cristãs! Assim, no final de seu livro confessa se impressionar com o "conteúdo dos Evangelhos" e reconhece no cristianismo a "religião do Amor".[17] Embora passe em silêncio as consequências funestas do racionalismo[18] e reconheça que também este humanismo de transcendência meramente humana está envolto no mistério,[19] o texto é estimulante para nós cristãos. Pois nos obriga a olhar para trás, denunciar os desvios ocorridos na história do próprio cristianismo, voltar às fontes do Evangelho e saber proclamá-lo em sua inteireza e radicalidade para nossos contemporâneos.

À oposição entre o divino e o humano, pressuposta por este autor, podemos acrescentar a proximidade entre Deus e o sofrimento, que somados à busca pela felicidade, aqui e agora, característica desta atual sociedade, agravada não só pelo conflito das interpretações (pluralismo), mas também pela crise dos símbolos tradicionais, exige que repensemos não as verdades cristãs, mas o *modo* como

---

[15] LUC FERRY. *O Homem-Deus ou o sentido da vida*. Rio de Janeiro, Difel, 2012.
[16] Experimentamos hoje a crise da razão da modernidade. Ver: MARION, J.-L. Foi et raison. Études, n. 4202 (Février 2014), p. 67-76; do mesmo autor, *Le croire pour le voir*, Paris, Parole et Silence, 2010, p. 17-29.
[17] FERRY, op. cit., p. 206.
[18] Como bem observa J. Moingt, *Deus que vem ao homem* II, São Paulo, Loyola, 2012, p. 455.
[19] FERRY, op. cit., p. 202. Já dizia Pascal: "l'homme passe infiniment l'homme" (*Pensées* § 131).

foram entendidas e expressas, bem como certas práticas legadas por nossos antecessores.

As questões não respondidas que brotam de uma concepção meramente imanente do ser humano ganham sentido, coerência e transparência quando consideradas na perspectiva da fé cristã. Trata-se de uma interpretação, pois a hipótese laica também é uma interpretação, já que esta última se encontra embutida em qualquer conhecimento humano. Mas uma leitura não irracional ou contra a razão, pois estamos diante de uma outra modalidade de conhecimento, não voltado para o mundo visível, mas para a realidade invisível, única a nos responder as questões mais essenciais como: Qual o sentido da vida? Ou qual o sentido de toda a realidade? Ao acolher livremente na fé a resposta que lhe é oferecida em Jesus Cristo, sem escamotear a aposta de Pascal, a realidade se ilumina e a vida ganha consistência (EG 242). A fé, mais do que conhecimento, é *entendimento* que *fundamenta* o sentido e a verdade que escolhemos para nossa vida.[20] Apresenta, isto sim, uma outra modalidade de se abordar a verdade, que não se confine somente aos limites de certa razão, e menos ainda desta razão funcional hoje dominante. Pois, sendo Deus transcendente, não pode ser alcançado por esta razão que o tornaria seu objeto, mas se faz presente, não na posse, mas na busca, no anseio que brota do nosso próprio ser, no risco de nos confiarmos a ele. No fundo, a realização plena do ser humano está em sua liberdade que, criada por outra Liberdade no amor, acolhe livremente este Amor infinito que se doa a ele em Jesus Cristo. Ninguém encontra Deus no final de um silogismo, mas na entrega da fé, que nos proporciona uma felicidade profunda "porque fomos criados para aquilo que o Evangelho nos propõe" (EG 265).

Além disso, a razão humana entregue a si mesma pode conseguir estabelecer os princípios para uma sadia convivência humana

---

[20] RATZINGER, J. *Introdução ao Cristianismo*. São Paulo, Loyola, 2005, p. 52-60.

(Kant), para o que chamamos de um verdadeiro humanismo. Mas não consegue *mover* as pessoas a lutar por este humanismo. Pois trabalhar por uma sociedade mais humana, pelo bem comum, pelos mais pobres, implica inevitavelmente renúncia aos próprios interesses egoístas em vista do bem comum.[21] Argumentos racionais ou arrazoados de cunho tecnológico não bastam para mobilizar os cidadãos, sobretudo em nossos dias, quando imperam o individualismo e o consumismo. Porque a política não se situa no campo da razão tecnológica, mas no da razão moral, já que seu objetivo é a paz e a justiça.[22] Porém a fé cristã oferece esta motivação. Porque ter fé significa ir mais além, confiar numa realidade transcendente que chamamos de Deus e assim libertar o ser humano para que ultrapasse o círculo fechado do egocentrismo em direção aos outros. A fé no Deus de Jesus Cristo, no Deus do Reino, nos descentra de nós mesmos, nos sensibiliza para as carências do próximo e nos arrasta para a ação capaz de remediá-las. Vejamos por quê.

Já que toda a realidade foi criada em vista de Jesus Cristo (Cl 1,16), a humanidade de Cristo precedeu e atuou como *matriz* de todo o gênero humano, constituindo o ser humano *querido por Deus*. Daí também João afirmar: "Esta era a luz verdadeira, que vindo ao mundo ilumina todo homem" (Jo 1,9). Desse modo, pode o Concílio Vaticano II asseverar que "Cristo manifesta o homem ao próprio homem e lhe descobre a sua altíssima vocação" (GS 22).[23] E esta revelação do que deva ser o homem se encontra na própria vida terrena do Filho de Deus. Pois não só assumiu nossa natureza

---

[21] VALADIER, P. *Détresse du politique, force du religieux*. Paris, Seuil, 2007, p. 101-103.

[22] RATZINGER, J. *Values in a Time of Upheaval*. San Francisco, Ignatius Press, 2006, p. 24.

[23] Ver ainda: JOÃO PAULO II. *Fides et ratio* 60. Este texto foi o mais citado em todos os pronunciamentos deste papa. Ver: HÜNERMANN, P.; HILBERATH, B. J. (Hrsg.). *Herders Theologischer Kommentar zum Zweiten Vatikanischen Konzil 4*. Freiburg, Heider, 2009, p. 740, nota 72.

abstratamente falando, mas mostrou ao longo de seus dias o que significa ser *realmente humano*. Uma existência humana que não pode ser desvinculada de seu projeto de vida, que era o mesmo do Pai: fazer irromper na humanidade o Reino de Deus, fazer a vontade do Pai, constituir novos laços entre as pessoas, de tal modo que se tornassem uma só família, a família de Deus (Mt 12,48-50). E isso ele pregou e realizou levando vida, ânimo, perdão, sentido, numa palavra, amor a seus contemporâneos, sobretudo aos mais necessitados. Nada recusou do que constituía o normal dos seres humanos, participando também de seus momentos de lazer e de alegria, vendo na vida, na natureza, nos eventos, o dom de Deus (Mt 6,25-34).

Mais ainda. Ao relegar a segundo plano as normas religiosas quando em choque com um ser humano a ser assistido, Jesus desloca o lugar do *sagrado* da esfera religiosa para o setor da vida cotidiana, humana, real. Como aparece da parábola do bom samaritano (Lc 10,25-37) ou do juízo final (Mt 25,34-46). No fundo, sagrado é o próprio ser humano e nossa salvação se decide no comportamento que com ele tivermos. A própria visão dolorida do cristianismo, tão forte no passado, na qual o sofrimento pelo sofrimento nos aproxima de Deus, deve ser corrigida. O Deus de Jesus Cristo é Pai e nos ama, e de modo algum quer que soframos. Os sofrimentos impingidos pelos homens aconteceram na vida de Jesus e acontecem também em nossa vida, enquanto surgem do choque entre a vida cristã autêntica e a vida do mundo, enquanto a vida do cristão constitui uma denúncia à existência dominada por egoísmo, vontade de poder e ânsia de prazer.

Consequentemente, a humanização de Deus em Jesus Cristo transcende o simplesmente humano porque supera e elimina qualquer elemento desumanizante.[24] E a experiência nos demonstra que o ser humano não consegue eliminar de sua vida toda e qualquer

---

[24] CASTILLO, J. M. *La humanización de Dios*, cit., p. 199.

realidade desumanizadora. Como afirma o Papa Francisco: "Chegamos a ser plenamente humanos, quando somos mais do que humanos, quando permitimos a Deus que nos conduza para além de nós mesmos a fim de alcançarmos o nosso ser mais verdadeiro" (EG 8). E desse modo Jesus supera e transcende as limitações do meramente humano manifestando-nos o humano em sua plenitude. O cristianismo nada rejeita do humano, mas sim luta contra tudo o que desumaniza a pessoa. Por outro lado, a pessoa de Jesus, ao transcender o meramente humano com suas limitações desumanizantes, mistério inalcançável pelo ser humano, mostra aqui sua transcendência, sua referência a Deus Pai, sua identidade divina de Filho de Deus.

Portanto, o cuidado com seu semelhante, o amor fraterno verdadeiro, o compromisso pela vida dos outros, a responsabilidade pela justiça e pela convivência social, a preocupação com a felicidade alheia são expressões de um *autêntico humanismo*. Mas também são expressões do que deva ser o verdadeiramente humano, já que Jesus, em tudo obediente ao Pai e, portanto, realizando e manifestando em sua vida a vontade de Deus, manifestou em nossa história esse humanismo. Os que o assumem se acham associados ao mistério pascal, configurados à morte de Cristo e fortificados pela esperança da ressurreição (GS 22). Pois o fazer o bem implica conflito e sofrimento numa humanidade marcada pela desumanização, pelo pecado. Mas o Espírito Santo move a todos, mesmo os não cristãos, para se comprometerem nessa luta associando-os ao mistério pascal de modo conhecido por Deus (GS 22). Por conseguinte, podemos concluir que *o humano autêntico é cristão e que o cristão autêntico é humano.*

Diante de uma cultura desumanizante, marcada pelo culto à eficiência e à produtividade, submissa ao dinheiro e ao consumismo, que considera a pessoa humana apenas uma peça substituível na engrenagem produtiva, a missão do cristianismo consiste em humanizar esta sociedade, ajudando a pessoa humana a encontrar o sentido de sua própria dignidade, de sua liberdade e de sua transcendência.[25] Nessa luta se encontra Deus,[26] um Deus cujo projeto do Reino é uma humanidade feliz, porque guiada pelo amor fraterno e pela justiça. Tendo presente o que implica a salvação cristã segundo os Evangelhos, pôde um teólogo afirmar: "quando trabalhamos pela humanização do homem, trabalhamos pela salvação da humanidade".[27] Entretanto é importante não reduzir o cristianismo a uma ética humanizadora, pois assim estaria se privando do próprio fundamento de suas ações.

B. A missão atual

O cristianismo deve recuperar a *novidade* própria do evento Jesus Cristo. Pois o inaudito de sua proclamação e o inédito de suas ações acabaram no curso dos séculos soterrados por doutrinas, normas, instituições que, procurando estar a serviço desse evento primeiro, terminaram por ocultá-lo. Enunciados herméticos, representações infantis, inflação de preceitos, pacote de certezas, afastam nossos contemporâneos da fé cristã. Mas, ao contrário, que entusiasmo provoca a vida de Jesus quando devidamente apresentada![28] Talvez porque esta vida nos desconserte, e o Deus que nela se revela nos surpreenda.[29] A ênfase numa experiência de um encontro pessoal com *Jesus Cristo*, suas ações e suas palavras, sempre a serviço do Reino, do cuidado contínuo pelos mais pobres e sofridos, levando ânimo e vida a todos,

---

[25] "Viver a fundo a realidade humana e inserir-se no coração dos desafios como fermento de testemunho, em qualquer cultura, em qualquer cidade, melhora o cristão e fecunda a cidade" (EG 75).

[26] "A presença de Deus acompanha a busca sincera que indivíduos e grupos efetuam para encontrar apoio e sentido para a sua vida. Ele vive entre os citadinos promovendo a solidariedade, a fraternidade, o desejo de bem, de verdade, de justiça" (EG 71).

[27] MOINGT, J. *Faire bouger l'Église catholique*. Paris, Desclée de Brouwer, 2012, p. 131.

[28] Como nos confirma a obra de J. A. Pagola, *Jesus. Aproximação histórica*, Petrópolis, Vozes, 2010.

[29] ROUET, A. *L'étonnement de croire*, cit., 2013, p. 95s.

numa fidelidade coerente até a morte, representa, sem dúvida, uma força evangelizadora de enorme significado. É só no *encontro pessoal* com Jesus de Nazaré que se irá desencadear um sério compromisso com Deus e um empenho na realização de seu Reino neste mundo. É só neste encontro que iremos estruturar diversamente nossa vida concreta, que iremos experimentar uma identificação progressiva com Cristo, que iremos gozar da liberdade, da paz e da vida que ele nos oferece. Mas que seja o verdadeiro Jesus Cristo comprometido com a causa do Reino e não um Jesus espiritualizado ou simplesmente devocional. Observemos que essa experiência salvífica com Jesus Cristo é fundamental para a transmissão da própria fé cristã. Pois o que se lega a outra geração é a experiência de plenitude que fizemos, portanto, uma realidade viva e atual, porque presente e atuante em nossa vida. Transmitimos o que somos, o que cremos (DV 8).

O cristianismo deveria também mudar seu *olhar* com relação à atual sociedade, que parece afastada de seus critérios e de sua influência.[30] Não vê-la primeiramente como uma realidade que se emancipou de sua tutela e deve outra vez ser conquistada para retornar à casa paterna. Sabemos que, embora seja caracterizada como secularizada, de fato, seus membros não o são, mesmo apresentando religiosidades qualitativamente bem diversas. E não esqueçamos que o Espírito Santo atua também naqueles que consideramos afastados do cristianismo, já que muitos deles se mostram sensíveis aos sofrimentos alheios e engajados na luta por diminuí-los. Ainda que, muitas vezes, rejeitem o cristianismo enquanto instituição social, vivem o seu núcleo e a sua verdade, talvez melhor que muitos cristãos declarados. E dessa gente também podemos aprender, se sabemos escutá-la, como se deu recentemente com a questão ecológica.

De qualquer modo, esta atual sociedade abriga também em si muitas dúvidas, sofrimentos, desorientações, injustiças, realidades

---

[30] Para esta parte ver J. Moingt, *Deus que vem ao homem II*, cit., p. 451-460.

estas às quais o Evangelho poderia aportar luz, sentido e consolo. Mas é importante, diante dela, ter primeiramente um *olhar de compaixão* e não de censura e julgamento.[31] Assim fazendo, estaríamos mais consones com o Deus do Reino revelado por Jesus Cristo, voltado para os pequenos e os últimos nos quais ele se deixa encontrar. Naturalmente este olhar autenticamente cristão implica sérias mudanças na teologia, na espiritualidade, na Igreja e na cultura.[32] O Papa Francisco cita Santo Tomás de Aquino que afirma ser a misericórdia a maior de todas as virtudes e que é próprio de Deus usar de misericórdia (EG 37). Não estaria aqui uma tarefa importante do cristianismo hoje, a saber, levar a compaixão a este mundo ferido, sofrido, desunido, carente, inseguro, angustiado, beirando a indiferença e o ceticismo?[33] Além disso, na sociedade também está agindo o Espírito de Deus e, portanto, também ela deve ser *escutada*, também ela pode nos ensinar.[34] É preciso saber acolher e procurar entender o diferente antes de rejeitá-lo por não estar em concordância com nosso modo de pensar.

Já é lugar-comum afirmar que a *linguagem do cristianismo* não é sempre realmente entendida por nossos contemporâneos, e mesmo pelos cristãos. Expressões nascidas em outras épocas nos aparecem hoje como opacas e incompreensíveis. E aí estão elas, presentes na exposição doutrinal e no culto litúrgico, pedindo traduções atualizadas

---

[31] "Muitas vezes agimos como controladores da graça e não como facilitadores. Mas a Igreja não é uma alfândega; é a casa paterna, onde há lugar para todos com a sua vida fatigosa" (EG 47). Ver, ainda, EG 114.

[32] KASPER, W. *Barmherzigkeit. Grundbegriff des Evangeliums. Schlüssel christlichen Lebens*. Freiburg, Herder, 2012.

[33] "No mundo de hoje há inúmeros sinais da sede de Deus, do sentido último da vida, ainda que muitas vezes expressos implícita ou negativamente" (EG 86).

[34] "O mesmo Espírito suscita por toda parte diferentes formas de sabedoria prática que ajudam a suportar as carências da vida e a viver com mais paz e harmonia. Nós cristãos, podemos tirar proveito também desta riqueza consolidada ao longo dos séculos, que nos pode ajudar a viver melhor as nossas próprias convicções" (EG 254).

que nos mantenham unidos à grande tradição cristã. Naturalmente jamais poderemos enunciar pela simples razão os mistérios cristãos, acessíveis à fé, mas nos perguntamos se a ética cristã, numa versão ao alcance de todos numa sociedade pluralista, lhe daria maior incidência na construção de uma sociedade mais humana.[35] Constatamos também a rejeição de muitos quando proclamamos doutrinas, normas morais e regras canônicas a serem seguidas *impositivamente*, sem uma devida e necessária justificação. Naturalmente seriam mais facilmente aceitas se aparece com toda clareza sua relação íntima com a mensagem evangélica do Reino de Deus, com toda a sua atualidade e sua força humanizadora (EG 35).

E se temos presente que a encarnação do Filho de Deus revela um Deus amor que se faz pequeno e frágil, humilde e profundamente humano, para vir ao nosso encontro, para resgatar-nos da degeneração, para libertar-nos do pecado e do egoísmo, para possibilitar uma convivência humana feliz fundada no amor e na justiça, então aí está a *missão dos discípulos de Cristo*. O Evangelho *humaniza* profundamente o ser humano, pois lhe indica sua identidade última: criado por um gesto gratuito de Deus, sua existência só recebe sentido verdadeiro quando prolonga este mesmo gesto (amor, gratuidade) no relacionamento com seus semelhantes, tal como nos atesta a vida de Jesus de Nazaré.

Se atualmente o cristianismo perde poder e prestígio, já que não é mais o arcabouço e fundamento da sociedade, não é motivo para lamentações, pois ele ganha certamente a grande oportunidade de ser o que foi nos primeiros séculos, pequeno e frágil do ponto de vista humano, mas forte e corajoso porque *fundamentado em Deus*. A opção pessoal de fé se faz mais necessária numa época que derruba a fé apenas como dado cultural, simples crença ou religião sem sério

---

[35] Ver sobre esta questão M. França Miranda, *A Igreja que somos nós*, São Paulo, Loyola, 2013, p. 82-84.

compromisso. A missão do cristianismo deve visar a outro objetivo que não apenas de formação doutrinária e práticas sacramentais. Urge acentuar a dimensão *existencial*, ética, mística da própria fé na prática que marcou a vida de Jesus e que revelou o rosto de Deus. Conhecemos a Deus, não teoricamente, mas moldando nossa vida pela de Cristo (1Jo 4,8). Não significa isto um exigente compromisso de vida com a humanização de uma sociedade que sacrifica o ser humano aos imperativos da performance e às obrigações da produtividade? Não se mostra assim o próprio cristianismo como uma realidade a favor da felicidade do ser humano, da paz e da justiça na sociedade?[36] Não concretiza mais fielmente na história o projeto do Reino de Deus? Não será assim sua presença e atuação na sociedade menos atrelada ao poder e ao prestígio e mais próxima ao Evangelho?

Agora podemos entender a enorme importância do *testemunho cristão* na atual sociedade. Pois, ao viver sua fé no Deus do Reino, ele demonstra que Deus atua em sua vida, porque vive descentrado de si mesmo numa cultura do individualismo egoísta e consumista. Seu exemplo intriga, interpela, questiona, estimula, provoca outros a assumirem seus valores, sua fé, seu sentido da existência. Com isso, Deus se faz presente no mundo, sua graça se mostra vitoriosa, seu Reino acontece. Quanto mais autêntico o testemunho, mais forte sua irradiação, mais remete à força de Deus que o anima, mais aponta para o Transcendente. Pois nessa pessoa Deus foi acolhido, Deus se faz presente, Deus se manifesta.[37] Desse modo, ao contrário dos fautores de um humanismo fechado, o humanismo autêntico remete ao Transcendente. E confere veracidade à verdade cristã e credibilidade à fé.[38] "Pois a verdade de nosso discurso sobre Deus passa por nosso compromisso pelo homem."[39]

---

[36] LEMIEUX, R. Crise, christianisme et société contemporaine. *RSR* 99 (2011), p. 347s.
[37] BARBOTIN, E. *Le témoignage spirituel*. Paris, Ed. de l'Épi, 1964.
[38] ROUET, A. *L'étonnement de croire*, cit., p. 76.
[39] Id. *La chance d'um christianisme fragile*. Paris, Bayard, 2001, p. 29.

Outra consequência do que vimos diz respeito à própria pastoral demasiado presa à transmissão de doutrinas, às normas morais e às práticas de culto. Ninguém duvida de sua necessidade. Mas, dado o valor do testemunho em nossos dias, a noção de atividade pastoral deveria ser aumentada, abrangendo também o dia a dia concreto dos cristãos. Se todo cristão, por ser batizado, deve ser um missionário, então isto já se dá através de sua vida concreta. Não podemos limitar esta noção apenas às pastorais já organizadas e instituídas que, para muitos de nossos contemporâneos, dizem menos do que o testemunho de vida. Naturalmente a proclamação do querigma, que explica este testemunho, deverá vir num segundo momento, pois devemos dar as razões da nossa própria esperança (1Pd 3,15). O núcleo do querigma, entretanto, deve exprimir "o amor salvífico de Deus como prévio à obrigação moral e religiosa, que não imponha a verdade, mas faça apelo à liberdade, que seja pautado pela alegria, o estímulo, a vitalidade" (EG 165). E, sobretudo, que brote de uma vida de oração, espaço interior que ilumina e fortalece a atividade pastoral (EG 262).

C. Mudanças que urgem

A presença e a atuação do cristianismo na atual sociedade exigem certamente mudanças sérias, tanto na *mentalidade* dos cristãos quanto nas *instituições* do próprio cristianismo. Mudar o modo de olhar a realidade não é nada fácil. Estamos já habituados a certas práticas, convicções, representações da fé cristã que nos foram legadas, nos proporcionam estabilidade e segurança e que não queremos abandonar. Sem falar que tais mudanças podem significar, para alguns, perda de poder, de prestígio, de comodismo. Também a fragilidade psicológica explica o conservadorismo de outros. Daí a necessidade da conversão,[40] já proclamada por Jesus em sua vida

---

[40] Sobre esta temática ver o que escrevemos em *A Igreja que somos nós*, cit., p. 226-235.

(Mc 1,15), para que seus contemporâneos pudessem acolher o Reino já presente. Esta necessidade não passou desapercebida aos bispos na Assembleia Episcopal do Celam em Aparecida. Mais difícil é mudarmos nosso *horizonte de compreensão* e nossa perspectiva de leitura que sempre condicionam nossa visão da realidade.[41] Sem falar que toda interpretação do próprio cristianismo estará sempre sujeita à historicidade do conhecimento humano. Além desta conversão de cunho mais intelectual, devemos examinar se talvez nossas atitudes e decisões não brotam do egoísmo, da vaidade, de vantagens e privilégios pessoais que não queremos perder. A *conversão moral* exige de nós deixarmo-nos guiar pelos critérios de valor e não de satisfação pessoal. A *conversão cristã* vai além, pois nos leva a confiar plenamente em Deus, tendo-o como o único absoluto de nossas vidas e de nossas decisões pela fé vivida, abrindo-nos às inspirações de seu Espírito que age em nós. Através dessa tríplice conversão alcançamos a necessária liberdade de espírito para captar o que Deus pede de nós nesta hora presente. Caso contrário, estaremos sempre resistindo a qualquer mudança que nos desinstale do que nos é familiar e cômodo.

Se o núcleo de nossa fé é a caridade, o cuidado com o outro, a sensibilidade pelos mais sofridos, então o conhecimento doutrinal, as normas morais, o cumprimento de preceitos, os atos de culto, devem lhe estar submetidos, pois deste núcleo recebem seu sentido e sua razão de ser. Cada ato de amor fraterno significa o Reino de Deus acontecendo, a vontade de Deus sendo realizada, o mundo se tornando mais humano e cristão. De nada vale todo o resto se carecemos da caridade, como nos ensina o apóstolo Paulo (1Cor 13,1-3). Como já mencionamos anteriormente, hoje evangelizamos de modo mais eficaz através do nosso testemunho de vida.

---

[41] "Cada um tem seu filtro que leva consigo por toda parte... Raros, muito raros, são aqueles que verificam seus próprios filtros", H. de Lubac, *Nouveaux Paradoxes*, Paris, Seuil, 1955, p. 16.

Devemos também tomar consciência de que o cristão passivo de outras épocas foi uma verdadeira aberração, se temos presente que o batismo nos incorpora ao povo de Deus, cujo sentido último é continuar na história a missão de Cristo, a implantação do Reino. Cada leigo ou leiga cristão é um *evangelizador*, em sua família, em seu ambiente de trabalho, entre seus amigos, nos locais que frequenta. O contato pessoal se revela em nossos dias imprescindível para a missão, pois parte da realidade concreta do outro, respeita as etapas de sua evolução, acompanha seu progresso, evita o discurso universal que impõe metas inalcançáveis pela pessoa naquele momento de sua vida (EG 171). Além disso, é o laicato que tem acesso a contextos vitais que os responsáveis e as autoridades desconhecem. É ele que conhece a linguagem adequada a tais contextos para tornar Deus presente nos mesmos.

Também nos devemos converter a uma prática da fé mais "espiritual", sabendo valorizar a ação do *Espírito Santo* em nós. Mais do que nossos conhecimentos teológicos, mais do que nossos planos pastorais, mais do que nossos cumprimentos de normas, deveríamos buscar mais seguir o Espírito que age em nós e que nos familiariza com Deus. Devemos recuperar urgentemente a dimensão mística da nossa fé cristã, experimentar que Deus está no íntimo de nosso coração, embora o mundo o desconheça (Jo 14,17), aprender a discernir sua ação em nosso interior e seguir seus impulsos. Faz-se mister experimentar realmente que somos cristãos enquanto vivemos pelo Espírito e agimos segundo o Espírito (Gl 5,25). Daí a necessidade de valorizarmos os momentos de oração em nossa vida, de escuta da Palavra de Deus e do que através dela nos impele o Espírito. De fato, a oração não é um acidente na vida do cristão, se este não quiser reduzir sua fé apenas a práticas externas.

Também devemos despir-nos de certa autossuficiência e consciência de superioridade diante da sociedade, já que temos a verdade salvífica que nos fornece nossa fé. Se o cristianismo é essencialmente um povo em missão, então devemos conhecer melhor aqueles aos quais nos dirigimos. Pois também eles são atingidos pelo Espírito de Deus e podem bem ter com que nos ensinar. Além disso, é preciso que captemos seus anseios, que percebamos suas angústias, que nos informemos de seus questionamentos, se realmente lhes queremos oferecer a mensagem evangélica do modo mais adequado e pertinente. Para tal, é preciso *saber escutá-los* para aceder ao concreto de suas existências, a seus valores vitais e às representações que apresentam do cristianismo.

Mas não basta uma mudança no modo de pensar e consequentemente de agir. Pois vivemos sempre no interior de *instituições sociais concretas* que sem dúvida alguma condicionam nossas compreensões e nossos juízos. Pois aparecem a nossos olhos como realidades objetivas, respeitadas pelas gerações anteriores, e são fatores que influem e promovem uma determinada mentalidade. Embora criações do ser humano acabem nele repercutindo. Portanto, uma relação dialética que deve ser seriamente considerada, para que uma nova mentalidade não seja descartada sem mais por não se ajustar à instituição vigente.

A igual dignidade de todos os batizados abre espaço para a comunhão de todos no mesmo Espírito (2Cor 13,13), do qual todos recebem seus carismas a serem investidos na realização do Reino de Deus. A *comunhão* pressupõe mútua colaboração, mútua escuta, mútuo discernimento, mútua participação entre os cristãos. De certo modo, todos são docentes e discentes. Esta estrutura *sinodal* que corrige a modalidade feudal estritamente hierarquizada, não suprime a existência e a função das autoridades responsáveis no cristianismo e em suas correspondentes entidades. Mas impede, isto sim, um autoritarismo vertical que não mais se coaduna com o espírito democrático que respiramos, mesmo reconhecendo a origem divina dos ministérios. Naturalmente se impõe uma mudança de mentalidade nos responsáveis pelas comunidades cristãs, que já deve ser incutida nos anos de formação (EG 107). Desse modo, a configuração futura do cristianismo deverá oferecer estruturas de participação que possibilitem a comunhão mútua, a colaboração permanente, o compromisso de todos na missão. Numa sociedade tão pluralista e tão complexa como a atual, faz-se mister a participação ativa de todos na missão comum. Seria bastante desejável um espaço público para debates sobre temas relacionados com os desafios culturais postos pela sociedade. Embora não em nome do cristianismo, mas enquanto cristãos, todos deveriam poder expressar e fundamentar o que pensam.

A ausência de uma estrutura de plausibilidade como lhe oferecia a sociedade na época da cristandade expõe os cristãos à influência constante da atual mentalidade hegemônica na sociedade, de cunho individualista e hedonista, que pode danificar e enfraquecer a fé de muitos. Nessa situação é fundamental que os cristãos constituam *pequenas comunidades de vida* onde aprofundem a fé comum, debatam seus problemas, partilhem suas experiências, recebam incentivos e sintam-se realmente como irmãos. A criação das comunidades eclesiais de base, inaugurada na América Latina e já presente em outros países e continentes, deveria ser mais valorizada, embora se molde conforme o contexto sociocultural onde se encontre. Assim, teremos um cristianismo com menor visibilidade, mas de maior *autenticidade*. Não vejo contradição nessa insistência no pessoal, no comunitário, no experiencial, e no uso dos meios de comunicação social de cunho mais informativo, visual e dotado de linguagem própria. É uma outra modalidade de presença e de ação que não pode prescindir de uma autêntica vivência da fé.

O caráter missionário intrínseco ao cristianismo, como já vimos, não só dará prioridade ao projeto do Reino de Deus para a humanidade, mas também deverá enfatizar que este compromisso nos possibilita um encontro autêntico com Deus,[42] uma experiência

---

[42] CASTILLO, J. M. *Espiritualidade para insatisfeitos*. São Paulo, Paulus, 2012, p. 123: "A expressão 'Reino de Deus', assim como é empregada pelos Evangelhos, é uma forma de dizer *onde e como* nós, seres humanos, podemos encontrar a Deus".

profunda e gratificante de Deus. A fé vivida já é um evento salvífico, experimentado de certo modo por todo aquele que dele participa. Pois acolhe o gesto de Deus em Jesus Cristo capacitado pela força do Espírito Santo. Assim fazendo, proporciona um novo sentido a sua vida, dando início a uma nova existência. Não se trata só da aceitação formal da doutrina cristã, como acontecia por vezes no passado, deixando em segundo plano o *existencial da fé*. Hoje há um anseio geral por felicidade e autorrealização traduzida no consumo constante de bens materiais e de experiências gratificantes, que acaba geralmente em decepção. A felicidade no serviço aos demais, o empenho por melhores condições de vida para os mais pobres, o cuidado cotidiano com o próximo, trazem um sentimento de felicidade e de realização ao cristão que deveria ser mais enfatizado pelo cristianismo em sua tarefa evangelizadora. Naturalmente a ênfase posta na experiência de Deus aparece como um critério importante na renovação das estruturas atualmente presentes nas comunidades cristãs e em sua ação pastoral.

VIII. A HERANÇA INACIANA DE FRANCISCO

Vivemos hoje uma época de rápidas e sucessivas transformações socioculturais resultantes de várias causas. Sem pretender fazer um inventário das mesmas, experimentamos seus efeitos em nossa vida cotidiana, marcada por tensão, excesso de tarefas, instabilidade e insegurança. Este fato nos obriga a rever tradições e valores que herdamos do passado e que não mais se ajustam aos novos desafios que enfrentamos. Não adianta sonhar com o passado que idealizamos sem perceber, pois temos que viver nesta sociedade hodierna com suas luzes e suas sombras. Como cristãos, procuramos pautar nossa conduta pela mensagem evangélica, sem poder renunciar, entretanto, à nossa condição de membros do atual contexto sociocultural. Enquanto pertencemos a um grupo social no interior desta sociedade, a saber, a Igreja, vivemos a nossa adesão a Jesus Cristo iluminada e orientada por esta mesma Igreja. Observamos, contudo, que também a Igreja enquanto parte da sociedade se vê desafiada pelas mudanças e busca responder a seus desafios. Pois só assim conseguirá fazer-se entender e ser acatada por seus membros, só assim será significativa e pertinente para a própria sociedade.

Neste quadro podemos compreender a importância do Concílio Vaticano II ao buscar diálogo com a sociedade e assim atualizar a Igreja. Seus textos, cuja riqueza e profundidade ainda não foram devidamente valorizados, ocasionaram mudanças, debates, interpretações, com ressonâncias significativas para a vida eclesial. Certa turbulência no período pós-conciliar, como sempre acontecera nos anos posteriores aos grandes Concílios, acabou ocasionando uma centralização exagerada no governo da Igreja, um controle severo da reflexão teológica e uma sucessão de pronunciamentos doutrinais do magistério eclesiástico. Um clima de insatisfação pôde ser constatado entre os católicos que não viam seus problemas e seus questionamentos serem acolhidos pelo magistério, ocasionando a saída de muitos da Igreja ou simplesmente uma não obediência silenciosa às prescrições do Vaticano, sobretudo em questões de moral.

Com a eleição do Papa Francisco, sentimos que o clima mudou. Sua figura simples e humilde, sua fala direta e clara, seus gestos proféticos, seu programa de renovação eclesial, contagiaram não só os católicos mas grande parte da população do planeta. A Igreja aparece desde então como mais simpática, mais humana, mais confiável, atraindo de volta muitos egressos e insatisfeitos. Como primeiro jesuíta a ser eleito papa em toda a história, muitos se interrogam sobre sua maneira de ser e de atuar, muitos buscam conhecer as razões de sua conduta. Não só enquanto recupera a dimensão profética do cristianismo, não só enquanto prega uma conversão de todos ao Evangelho em sua simplicidade exigente, não só enquanto procura desfazer mentalidades e estruturas de poder incrustadas no corpo eclesial, não só enquanto demonstra grande sensibilidade pelos mais pobres e sofridos, mas, sobretudo, enquanto ousa abrir o debate sobre temas que atingem em cheio a vida da Igreja, como a questão da comunhão para os recasados. Pretendemos aclarar esta questão a partir da *formação espiritual* recebida por Jorge Mario Bergoglio na Companhia de Jesus.

1. Uma espiritualidade marcada pelo contínuo discernimento

Para entendermos as características que determinam a atividade pastoral e a espiritualidade da Companhia de Jesus, temos que remontar a Inácio de Loyola. Realmente, ainda como leigo passou por uma forte experiência de conversão através da qual aprendeu a captar e interpretar a ação de Deus em seu íntimo, enquanto se dedicava a meditar os relatos do Evangelho e a vida dos santos. Daí nasceram os *Exercícios espirituais* que buscam transmitir a outros sua experiência original. Embora vivesse num tempo conturbado por divisões confessionais e pelos inícios do que viria a ser a modernidade, Inácio, na busca por critérios para a vida cristã, evita os extremos de uma obediência mecânica e fideísta à autoridade eclesial ou de uma autonomia total do sujeito em seu relacionamento com Deus. Sua experiência pessoal comprova que Deus se serve da própria realidade humana para agir em suas criaturas. Cabe, portanto, ao cristão saber captar e interpretar esta ação divina ao longo de sua vida e nos eventos da história.

Esse traço da espiritualidade inaciana implica, de um lado, respeito à pessoa concreta, à subjetividade, como se diz hoje, e de outro, confiança no Espírito Santo que trabalha no coração de cada um. A "eleição", ou a descoberta e a aceitação da vontade de Deus nos *Exercícios espirituais*, pressupõe uma cuidadosa triagem dos desejos, afeições, pulsões e tendências presentes na pessoa. Conhecemo-la mais comumente como "discernimento dos espíritos", ou das moções interiores, que se realiza à luz das "regras para o discernimento" deixadas por Inácio. Além disso, Inácio não dispensa o cristão de usar continuamente a inteligência: ele deve ter sempre presente sua realidade concreta, seu contexto atual, as consequências de sua opção, pois esta jamais se dá num vazio antropológico ou social.

Espiritualidade exigente que não aceita uma obediência infantil à autoridade nem submissão incondicional a princípios teóricos, os quais podem desembocar numa intransigência desumana ou numa incapacidade desesperada e trágica de vivê-los realmente no presente. Espiritualidade que deixa à pessoa a responsabilidade de buscar e achar continuamente a vontade de Deus ao longo de sua trajetória histórica. Espiritualidade para adultos porque respeita a liberdade individual. Espiritualidade que brota e se alimenta da ação do Espírito, rejeitando qualquer modalidade de positivismo doutrinal ou jurídico.

Assim, nas anotações prévias ao orientador dos *Exercícios espirituais* Santo Inácio recomenda que ele deve permitir ao exercitante procurar e encontrar *pessoalmente* o que Deus quer dele, sem influenciá-lo em sua escolha, deixando "imediatamente agir o Criador com a criatura e a criatura com seu Criador e Senhor" (EE. 15). Por outro lado, dá grande importância à ação do Espírito Santo na pessoa, indagando quando ela nada sente em vista de descobrir as razões dessa lacuna (EE. 6) e se informando fielmente das várias agitações e pensamentos presentes na pessoa (EE. 17). A matéria para a oração deve ser apresentada de modo breve e simples, pois o que importa aqui não são as ideias, mas os sentimentos espirituais: "pois não é o muito saber que sacia e satisfaz a pessoa, mas o sentir e saborear as coisas internamente" (EE. 2). Para que o exercitante possa pessoalmente interpretar o que se passa em seu íntimo deve o orientador do retiro, se necessário, explicar-lhe as regras de discernimento dos espíritos (EE. 8) apresentadas no livro dos *Exercícios* (EE. 313-336).

A maturidade espiritual pressupõe uma pessoa realmente *livre*. Nesse sentido podemos afirmar que a espiritualidade inaciana consiste numa pedagogia da liberdade. Inácio conduz o exercitante a esta liberdade fazendo-o contemplar os mistérios da vida de Jesus e capacitando-o a interpretar devidamente os mesmos através de meditações típicas e originais: Reino de Deus, Duas Bandeiras, Três Tipos de Pessoas e Três Modos de Humildade. Através delas a pessoa se livra das ilusões sobre o autêntico seguimento de Cristo e sobre a verdadeira vontade de realizá-lo. Só assim se torna um sujeito apto a perceber o que Deus dele quer, sem ser enganado por suas ideias, aspirações e interesses, caracterizados por Inácio como "afeições desordenadas" (EE.172).

O respeito à liberdade pessoal, a importância dada à experiência e à disponibilidade para o agir de Deus vão caracterizar também o *modo de proceder* de Inácio como superior-geral da Ordem. Mesmo reconhecendo a necessidade de regras, ele só as promulga depois das experiências positivas com as mesmas feitas pelos jesuítas das várias partes do mundo. E mesmo assim considerava que as Constituições da Companhia de Jesus não estavam encerradas "enquanto a experiência não mostrar muitas coisas", como expressava Polanco.[1] Também não queria regras muito minuciosas ou demasiado severas, deixando muitas vezes o superior decidir sobre sua aplicação em cada caso, como aparece frequentemente nas Constituições. Se Deus fala através dos acontecimentos e da própria experiência, é importante aprender da vida concreta e não querer impor uma determinação teórica ou ideal, que, não podendo ser cumprida, ocasionaria mais mal do que bem.

Essa característica de Inácio vai marcar fortemente a espiritualidade dos jesuítas. De um lado, deve apresentar em toda sua radicalidade o ideal evangélico e as condições para realizá-lo na própria vida; de outro, deve examinar cuidadosamente as *condições reais da pessoa* para vivê-lo, as circunstâncias em que se encontra, os prós e os contras da decisão a ser tomada, suas possíveis consequências. Não adianta almejar uma meta muito alta, se uma percepção realista indica a impossibilidade de alcançá-la.

Daí a necessidade do *discernimento contínuo*,[2] que vale tanto para o indivíduo como para a própria Ordem religiosa. Ele implica uma obediência maior a Deus, senhor da história, do que o cumprimento de determinações concretas, válidas em outras épocas, mas de pouco proveito posteriormente devido às transformações

---

[1] RAVIER, A. *Inácio de Loyola funda a Companhia de Jesus*. São Paulo, Loyola, 1982, p. 234.

[2] Perguntado sobre que ponto da espiritualidade inaciana o ajuda melhor a viver o seu ministério, o Papa Francisco respondeu: o discernimento. Ver: SPADARO, A. *Entrevista exclusiva do Papa Francisco*. São Paulo, Paulus/Loyola, 2013, p. 10.

socioculturais ou aos novos desafios eclesiais. O "magis" inaciano se fundamenta não num ardor inexperiente, mas sim na abertura à liberdade divina que não pode nem deve ser cerceada. Mas, por outro lado, ela respeita os limites e os condicionamentos da pessoa humana, que é espírito num corpo, que é indivíduo numa sociedade, que constrói sua identidade num processo histórico gradual. Esse *modo de proceder* distingue a ação pastoral dos jesuítas, sua orientação espiritual e mesmo seu desempenho como confessores. Numa palavra, leva em consideração a pessoa concreta que tem diante de si, seus antecedentes, suas possibilidades, seus limites, o passo que realmente pode dar. Sabemos que Inácio via o sacramento da reconciliação como uma oportunidade de deixar as pessoas consoladas e fortalecidas na fé.

2. Discernimento e vida cristã

Há no cristianismo uma característica de dinamismo, de movimento, de *caminhada*, que lhe é intrínseca, mesmo que não tenha sido tão valorizada em seu passado. A vida de Jesus, suas ações e seus ensinamentos, se deram frequentemente durante suas andanças pela Palestina a proclamar e mostrar presente em sua pessoa a realidade do Reino de Deus. Seus primeiros discípulos, companheiros de caminhada, experimentaram essa modalidade de vida e se fascinaram pela pessoa de Jesus. O pouco tempo que passaram com o Mestre de Nazaré levou-os a encetar a mesma caminhada, a aderir a esse "caminho" (como então chamavam o cristianismo) aberto por Jesus. Mesmo depois da ressurreição de Cristo e da experiência dinamizadora da ação do Espírito Santo, mesmo em meio à sua missão de propagar por toda parte o Reino de Deus manifestado em Jesus Cristo, eles tinham consciência de sempre se encontrar como caminhantes que se dirigiam a uma meta a ser alcançada. O testemunho de Paulo é significativo nessa questão, pois reconhece que alcançado por Cristo, deve esquecer o que já conquistou e se lançar para a frente em direção à meta (Fl 3,13s). E conclui: "Entretanto, onde quer que tenhamos chegado, caminhemos na mesma direção" (Fl 3,16).

Assim, ser cristão é caminhar na trilha aberta por Jesus, é experimentar a vida de fé como uma realidade dinâmica, construída ao longo da nossa história, sempre desafiada pela realidade circundante, sempre interpelada por novos apelos de Deus, através da ação do Espírito Santo presente em nós, que nos faz crescer na fé, amadurecer nosso compromisso com Cristo, desinstalar-nos de nossos hábitos, abrir-nos aos inéditos desafios postos pela história. Mas esta caminhada que constitui a nossa vida é realizada na fragilidade da condição humana, na limitação imposta por nosso corpo e por nossas experiências passadas, que tornam tal caminhada um processo mais lento do que desejaríamos e exige, de nossa parte, uma atitude de contínua vigilância e conversão.

Se temos presente que a norma do agir moral no cristianismo está no amor fraterno que comprova a veracidade do nosso amor a Deus como nos ensina Jesus (Jo 13, 34s), Paulo (1Cor 13,1-13) e João (1Jo 4,20s), então ser cristão é entrar numa *aventura*, pois nunca sabemos quem estará diante de nós como nosso próximo, que opções concretas pede de nós o Espírito em face das interpelações e apelos à nossa liberdade enquanto seguidores de Cristo. As orientações e ensinamentos destinados a todos os cristãos se, de um lado, devem ser observadas, de outro, não determinam a decisão concreta a ser tomada, que diz respeito somente a mim, e não aos outros. Além da ética essencial a ser obedecida, temos também uma outra de cunho existencial, que me concerne como ser humano único que sou. Ética existencial ditada pelo Espírito Santo que anima, ilumina, inspira, fortalece cada um de nós em nossa caminhada, rompendo hábitos já sem vida, abrindo-nos para novas compreensões da fé, estimulando-nos a caminhos não trilhados. O cristão jamais poderá ser apenas súdito de doutrinas teóricas, e nem mesmo um escravo da lei, como já afirmou Paulo (Rm 7,10). Se Cristo nos libertou da lei e do pecado

(Rm 7,18-20), foi para que seguíssemos o Espírito: "Se vivemos do Espírito, andemos também segundo o Espírito" (Gl 5,25).

Mas devemos ter também presente o importante ensinamento que nos vem da Bíblia. De fato, a história da salvação nos demonstra que Deus age na história sempre através de *mediações humanas*. E como não existe o ser humano só e isolado, pois ele é e só pode ser tal enquanto educado dentro de uma comunidade humana, dentro de uma cultura, dentro de uma época histórica, que lhe fornecem linguagem, padrões de comportamento e visões da realidade. Desse modo, ele está inevitavelmente *condicionado* não só por suas limitações pessoais, já que não é puro espírito, mas também pelo seu contexto sociocultural. Teoricamente, enquanto ser livre, ele tudo pode, mas realmente sua liberdade se vê condicionada por fatores internos e externos. Se, por um lado, possibilitam seu exercício, por outro, também o limitam. Somos seres históricos que nunca conseguimos traduzir na vida o que desejamos em nosso coração. Nossa caminhada no seguimento de Cristo constitui assim nossa própria história, a história de nossa liberdade. Esta afirmação vale até para Jesus em sua humanidade.

A Bíblia nos revela também um Deus ciente da nossa realidade antropológica, paciente na longa tarefa de educar um povo para si, servindo-se de pessoas humanas para levar adiante seu plano de salvação da humanidade.[3] Não só paciente, mas misericordioso por conhecer-nos mais do que nós mesmos nos conhecemos, por penetrar em nossos condicionamentos conscientes ou inconscientes, por desvendar nossas lutas ou nossas rendições diante dos desafios da vida. Portanto, Deus leva a sério a pessoa em sua situação concreta, é compreensivo e acolhedor, sabe entender e perdoar, sem deixar de estimular o crescimento moral da pessoa, de chamá-la para sua

---

[3] Como confirma a valiosa obra de G. Lohfink, *Deus precisa da Igreja? Teologia do povo de Deus*, São Paulo, Loyola, 2008.

responsabilidade diante da vida que lhe foi presenteada e dos outros com os quais vive. E a pessoa de Jesus leva à plenitude a revelação do rosto misericordioso de Deus. "Felipe, quem me viu, viu o Pai" (Jo 14,9). O divino da pessoa de Jesus se manifestou em seu comportamento profundamente humano, acolhedor, benevolente, sensível aos mais sofridos, bem como em suas palavras que estimulavam seus contemporâneos ao amor, ao perdão, à convivência pacífica, à partilha com os mais pobres. Numa palavra, Jesus sempre respeitou a pessoa humana, incentivando-a a crescer a partir de sua realidade concreta. Sabia bem que mais valia o realizável possível do que o ideal inalcançável imposto.[4]

3. Uma concepção da vida cristã

A compreensão cristã do ser humano valoriza tanto sua inteligência quanto sua liberdade. Esta afirmação implica que seguir a Cristo vá exigir o exercício tanto da *reflexão* quanto da *liberdade*. A busca sincera da verdade e o esforço contínuo em optar na linha do Evangelho acompanham o cristão por toda a sua vida. Podemos mesmo afirmar que ele constrói sua personalidade através de sua própria história por meio de suas opções morais, que fundamentam e autentificam sua resposta à oferta salvífica de Deus em Jesus Cristo. Sua identidade cristã *real* é construída assim ao longo de sua própria história. Cada momento da mesma o encontra inserido numa realidade complexa, cujos componentes jamais aparecem em toda sua clareza e totalidade, como irão lhe comprovar as sucessivas retrospectivas e releituras efetuadas no curso de sua vida. Assim, embora marcado por seu passado, ele tem sempre diante de si a abertura de um futuro. Sua decisão deve sempre estar pronta para uma revisão, desde

---

[4] "Para Santo Inácio, os grandes princípios devem ser encarnados nas circunstâncias de lugar, de tempo e de pessoas", como observa o Papa Francisco em A. Spadaro, op. cit., p. 10.

que seja olhada com maior lucidez ou que novos elementos surgidos posteriormente a exijam.

Dessa forma, a vida do cristão se assemelha mais a uma *caminhada* em direção a uma meta jamais plenamente alcançada, um aproximar-se gradual do ideal expresso no Sermão da Montanha, em meio a percepções somente parciais do ideal cristão, a afeições desordenadas que as falseiam, a ilusões que somente o tempo irá dissipar, a submissões indevidas ao contexto humano e cultural. A maturidade cristã realmente resulta de um processo histórico, com idas e vindas, com momentos de graça e de pecado, que nos ajudam sobremaneira a sermos compreensivos com os outros em suas limitações. Não esqueçamos que o Deus dos cristãos não é apenas o Deus da lei, mas o Deus misericordioso que nos acompanha ao longo de nossa existência, que nos conhece melhor do que nos conhecemos, que nos criou para vivermos com ele uma eternidade feliz. Ele não quer uma obediência servil, mas uma adesão consciente e adulta que brote de nosso coração.

Assim como estamos às voltas com encruzilhadas sucessivas em nossa vida que nos exigem tomadas de posição contínuas, assim também, devido à complexidade do entorno e de nós mesmos, somos compelidos ao exercício da reflexão em nossa vida cristã. Pois ela sempre contém uma realidade objetiva (ideal evangélico) e outra subjetiva que somos nós mesmos. Querer evitar a tensão destes dois polos presentes numa decisão moral significa preguiça mental, renunciar a uma necessária reflexão, por eliminar um dos polos em questão. Assim, tanto a vertente rigorista que defende uma submissão infantil diante da norma teórica ou de um pronunciamento da autoridade, quanto a vertente laxista que erige o indivíduo como único critério de seu agir, pecam por falta de reflexão. Tanto uma como outra podem denotar medo da liberdade, medo da opção pessoal, arriscada, histórica, humana. Aqui entra a razão prática como já ensinava Aristóteles. A vida moral procede por ajustamentos sucessivos, e não por uma aplicação fria de uma verdade teórica prévia ou por uma consciência pessoal autônoma.

Portanto, o cristão vive numa atitude de *constante discernimento moral* que é também espiritual, porque deve sempre examinar o que quer dele Deus nas várias etapas de sua vida. Renunciar a essa reflexão sobre si mesmo, com seus condicionamentos e limitações, pode levá-lo a desastres funestos por falta de autoconhecimento, gerando desânimo, ceticismo ou impotência diante do que avaliou superficialmente como objetivo a seu alcance. A escuta e a obediência ao Espírito Santo não dispensam o discernimento do que nos está movendo, pois motivações egoístas podem nos levar a opções que parecem boas, mas não o são.[5] Devemos, então, nos perguntar: Quando quero algo, o que quero de fato? Quando me conformo ou resisto a alguma prescrição vinda da autoridade, por que estou agindo desse modo? Qual é minha intenção nesta questão? Estou realmente seguro dela? Tempo de reflexão, tempo de discernimento, tempo de chegar à liberdade que nos trouxe Jesus Cristo (Gl 5,1).

Essa etapa da reflexão que procura levar em consideração lealmente e na medida do possível os componentes presentes em minha decisão moral nada tem de laxismo ou de minimalismo, como já foi imputado aos jesuítas, sobretudo na querela com Pascal e os jansenistas.[6] Pois ela respeita o sujeito da decisão moral em toda a sua complexidade e, igualmente, considera seriamente a norma teórica que lhe é dirigida. A execução cega de uma diretiva em si boa pode levar a grandes males, o bem realizado pode implicar consequências desastrosas, seja no âmbito da moral social como no da moral pessoal. E nem sempre no passado, mesmo mais recente, o magistério da Igreja soube dar a este ponto a devida consideração: contraceptivos e

---

[5] VALADIER, P. *La part des choses. Compromis et intransigeance.* Paris, Lethielleux, 2010, p. 167-208.

[6] Ver: VALADIER, P. *Rigorisme contre liberté morale. Les Provinciales: actualité d'une polemique antijésuite.* Bruxelles, Lessius, 2013.

situação real do casal ou uso de preservativos e propagação da Aids. Chama a atenção o cuidado que demonstra o magistério eclesiástico com a sociedade e suas transformações no que diz respeito à moral social, e seu diverso modo de agir no âmbito da moral sexual, ao se ater a normas gerais sem considerar devidamente a situação real da pessoa.[7] Naturalmente deve ser reconhecido que falta à maioria dos cristãos uma formação adequada para esse discernimento moral, sendo muitos deles presas fáceis do espírito do mundo marcado pelo hedonismo e pelo individualismo reinantes na atual sociedade.

4. O modo de proceder do Papa Francisco

Jorge Mario Bergoglio recebeu uma Igreja desafiada não só pelas rápidas transformações socioculturais, mas ainda agitada por uma crise interna que danificava sua autoridade moral e sua irradiação evangelizadora. O período pós-conciliar trouxe avanços pastorais e renovações necessárias, mas também experimentou um processo de centralização institucional[8] e de rigidez no âmbito da moral,[9] que refletia a preocupação das autoridades eclesiásticas com certo relativismo reinante na sociedade, na intenção de fazer voltar à ordem aquela época turbulenta. Hoje podemos constatar que essa política imposta sem que as Igrejas locais e a sociedade fossem devidamente escutadas não trouxe tão bons resultados. Pelo contrário, distanciou a Cúria Romana do episcopado e dos fiéis, levou muitos a se afastarem das práticas religiosas, projetou uma imagem autoritária

---

[7] CALVEZ, J.-Y. Morale sociale et morale sexuelle. Études (1993), p. 641-650.

[8] De uma extensa bibliografia, citaremos apenas pela qualidade da pesquisa: LEGRAND. H. Les évêques, les églises locales et l'église entière. Evolutions institutionelles depuis Vatican II et chantiers actuels de recherché. *Rev. Sc. Ph. Th.* 85 (2001), p. 461-509.

[9] Ver: THOMASSET, A. Dans la fidelité au Concile Vatican II. La dimension herméneutique de la théologie morale. *Revue d'Éthique et de Théologie Morale*, n. 263 (2011), p. 31-61.

e intransigente da Igreja, desautorizou algumas tentativas fundamentadas de resolver certas questões urgentes.[10] Sabemos que esta situação crítica se viu agravada pelos escândalos de pedofilia e de transgressões financeiras.

A eleição de Jorge Mario Bergoglio foi uma clara indicação do colégio cardinalício em favor de uma *reforma* na instituição eclesial. Sem dúvida alguma, Francisco tem diante de si um enorme desafio. E o tem enfrentado com prudência, mas também com firmeza. Não pretendemos aqui oferecer uma visão ampla e menos ainda exaustiva de sua atuação como pastor supremo da Igreja. Apenas uma leitura limitada de suas Exortações apostólicas "A alegria do Evangelho" e "A alegria do amor" na perspectiva de sua espiritualidade inaciana. Limitada ainda por ser uma leitura pessoal, portanto, a ser completada por outras igualmente possíveis. Restringimos nosso estudo a estas Exortações, sendo a primeira um *texto programático* (25)[11] que pretende "indicar caminhos para o percurso da Igreja nos próximos anos" (1).

5. A missão de evangelizar

Por outro lado, enquanto texto pós-sinodal sobre *A nova evangelização para a transmissão da fé cristã* (14), o tema da missão evangelizadora da Igreja estará continuamente subjacente a toda a Exortação apostólica. De fato, esse objetivo é afirmado explicitamente: "a ação missionária é o *paradigma de toda a obra da Igreja*" (15). Mais concretamente Francisco expressa esta finalidade com um teor tipicamente inaciano: "evangelizamos para a maior glória do Pai que nos ama" (267). Trata-se, portanto, de transmitir a outros a experiência

---

[10] Como exemplo: *Carta Pastoral dos Bispos Alemães do Reno Superior sobre Divorciados Recasados*, de autoria de O. Saier, K. Lehmann e W. Kasper, em *Sedoc* 26 (1994), p. 423-438.

[11] Os números entre parêntesis se referem todos à Exortação apostólica.

salvífica de sermos amados por Deus, ou "a beleza do amor salvífico de Deus manifestado em Jesus Cristo morto e ressuscitado" (36). Esta finalidade, para Inácio de Loyola, exige uma reta intenção que busque "em todas as coisas a Deus Nosso Senhor" (Const. 288), critério este de que se servirá o papa para desmascarar objetivos espúrios nas ações apostólicas que tanto prejudicam a Igreja, como aparece posteriormente no texto.

Hoje nós diríamos que a autocomunicação de Deus à humanidade, totalmente gratuita e incondicionada, abarca tanto a criação como a salvação e demonstra que tudo resulta de um gesto de amor de Deus. Somos um dom de Deus! Esse amor do Pai nos acompanha sempre e é a fonte da alegria que deve estar sempre presente na vida do cristão evangelizador (10). Poderíamos também expressar o imperativo da evangelização a partir do Reino de Deus a ser implantado ao longo da história. Como nos mostra a Bíblia, Deus se serve de pessoas humanas para levar adiante seu desígnio salvífico. Portanto, cabe a cada cristão levar adiante este projeto divino no seguimento de Jesus Cristo. Deus conta conosco, já que somos, como cristãos e membros da Igreja, *discípulos missionários*. Para Inácio, numa época de cristandade, era a finalidade da vida do jesuíta, a saber, cuidar da salvação e perfeição própria e alheia (Constituição 3). Hoje temos consciência de que este objetivo compete a todo cristão, a todo membro da Igreja, pois a evangelização é a razão de ser desta mesma Igreja, como sacramento da salvação de Deus.

A *experiência de Deus* é fundamental para a espiritualidade inaciana, como vimos. Ela desencadeia um processo de conversão que contempla diversamente a realidade e motiva novas ações em nossa vida. Experiência do amor de Deus revelado por Jesus Cristo que nos incita a comunicar a outros o que sentimos e vivemos. "O que vimos e ouvimos, isso anunciamos" (1Jo 1,3). O evangelizador deve conhecer Jesus por experiência própria, deve caminhar com ele, escutá-lo, construir o mundo com seu Evangelho (266). Para tal, é necessário encontrar Jesus Cristo na oração, na contemplação, no contato com a Palavra de Deus (264). Pois, "não pode haver verdadeira evangelização sem o *anúncio explícito* de Jesus como Senhor" que detém a primazia em qualquer trabalho de evangelização (110).

6. A tensão entre Palavra e vida

Sabemos que a realidade é captada, entendida e expressa através de nossas ideias e discursos. Esta afirmação vale também para o setor da religião com suas doutrinas, suas teorias, suas celebrações, suas normas, que procuram traduzir em conceitos e imagens a realidade vivida pelo fiel. Aqui entra a tentação enganosa de apoderar-se do discurso sem viver de fato o que ele implica. Já Jesus censurava os fariseus por não viverem o que pregavam (Mt 23,1-3), e João exige que o amor fraterno se comprove "com obras e em verdade" (1Jo 3,17s). Santo Inácio também se mostra realista nesta questão: "o amor consiste mais em obras do que em palavras" (EE. 230). Não nos admira encontrar a mesma ênfase bem explícita em Francisco: "a realidade é superior à ideia" (233). Francisco fundamenta sua afirmação pela encarnação da Palavra que deve sempre estar a se encarnar para realizar a ação salvífica de Deus ao longo da história, como nos demonstram a vida dos santos. "Não pôr em prática, não levar à realidade a Palavra é construir sobre a areia" (233). Ou assumir várias formas de ocultar a realidade como "os nominalismos declaracionistas, os projetos mais formais que reais, os fundamentalismos anti-históricos, os eticismos sem bondade, os intelectualismos sem sabedoria" (231).

Daqui se compreende que o Papa Francisco insista num *seguimento real* de Jesus Cristo que se concretiza no amor fraterno e que exige um descentrar-se contínuo de si mesmo, uma renúncia aos próprios interesses e comodismos, um voltar-se decidido para o outro (161). E cita Santo Tomás de Aquino para quem o elemento principal da Nova Lei é a graça do Espírito Santo, que se manifesta através da fé que opera pelo amor (37). De fato, "o Evangelho convida, antes de tudo, a responder a Deus que nos ama e salva, reconhecendo-o nos outros e saindo de nós mesmos para procurar o bem de todos". "Todas as virtudes estão a serviço desta resposta de amor", sem este convite "não estaremos propriamente a anunciar o Evangelho, mas algumas acentuações doutrinais ou morais" (39).

Um cristão individualista soa tão falso quanto um egoísta piedoso, voltado para "um Jesus Cristo sem carne e sem compromisso com o outro" (89), pois "o Evangelho nos convida sempre a abraçar o risco do encontro com o rosto do outro, com a sua presença física que interpela, com os seus sofrimentos e suas reivindicações". E deixa bem claro: "A verdadeira fé no Filho de Deus feito carne é inseparável do dom de si mesmo" (88). E reforça sua exortação ao exclamar: "Como seria bom, salutar, libertador, esperançoso, se pudéssemos trilhar este caminho! Sair de si mesmo para se unir aos outros faz bem" (87). E ainda insiste: "O amor às pessoas é uma força espiritual que favorece o encontro em plenitude com Deus", de tal modo que "só pode ser missionário quem se sente bem procurando o bem do próximo" (272).

7. O discernimento espiritual

Diante da amplidão aberta pelo imperativo do amor fraterno, recorre o nosso papa ao discernimento espiritual para verificar o que realmente Deus quer da pessoa em suas limitações e condicionamentos. Portanto, uma caridade discernida (*caritas discreta*), como aprendeu em sua formação na Companhia de Jesus. Diante dos inúmeros desafios atuais o papa situa sua Exortação apostólica *A alegria do Evangelho* "na linha de um *discernimento evangélico*" (50). Se todos nós como cristãos somos chamados para evangelizar, então "cada cristão e cada comunidade há de discernir qual é o caminho que o Senhor lhe pede" (20). Até a preparação da pregação, desde que se procure considerar os acontecimentos, as circunstâncias e o povo concreto, "se transforma num exercício de discernimento evangélico" (154). Igualmente devemos estar conscientes na leitura da Palavra de Deus que "também Satanás se disfarça em anjo de luz" (2Cor 11,14), levando-nos "a usar o sagrado em proveito próprio e passar esta confusão para o povo de Deus" (152).

Na tradição inaciana o discernimento se realiza quando procuramos captar as moções do Espírito em nós. Para tal, é necessário termos chegado a um grau de liberdade espiritual que nos capacite a interpretar corretamente o que Deus quer de nós. No fundo é um exercício de fé, de deixar-se guiar pelo Espírito, já que toda nossa vida cristã depende de sua ação que plasma em nós a imagem de Cristo. Também a atividade evangelizadora nasce de "uma moção interior que impele, motiva, encoraja e dá sentido à ação pessoal e comunitária" (261). Ela requer grande confiança, pois não sabemos aonde podemos ser levados, como já experimentou o próprio papa ao afirmar que "não há maior liberdade do que a de se deixar conduzir pelo Espírito, renunciando a calcular e controlar tudo", pois "o Espírito Santo bem sabe o que faz falta em cada época e em cada momento" (280).

Portanto, diante de uma prática religiosa que se arvora como cristã, mas que não é realmente evangélica, o texto realiza um autêntico *discernimento espiritual*. E de maneira bem corajosa e direta. "O mundanismo espiritual, que se esconde por detrás de aparências de religiosidade e até mesmo de amor à Igreja, é buscar, em vez da glória do Senhor, a glória humana e o bem-estar pessoal" (93). Apresenta-se numa "fé fechada no subjetivismo" ou em um "neopelagianismo autorreferencial" que se arvora instância julgadora dos demais (94), num exibicionismo litúrgico, numa busca de poder e de realização pessoal, numa concepção empresarial da Igreja (95). Estamos às voltas com "mestres espirituais e peritos de pastoral que dão instruções ficando de fora" (96), que desqualificam os questionamentos proféticos, enfatizam os erros alheios, vivem obcecados pela aparência, "aparência religiosa vazia de Deus". O invólucro religioso não brota da fé cristã, "é uma tremenda corrupção, com aparências de bem" (97).

8. O respeito ao ser humano em sua realidade

Como vimos anteriormente, o discernimento contínuo na vida do cristão denota uma *concepção dinâmica da fé vivida*, que caracterizamos como caminhada rumo ao Pai. Ela implica uma atenção especial à base antropológica das verdades reveladas, como vemos hoje na teologia, que está atenta aos contextos, às situações vitais, aos entornos culturais, aos desafios concretos enfrentados pela pessoa. Sem dúvida, esta preocupação está subjacente aos textos do Concílio Vaticano II, sobretudo na Constituição Pastoral *Gaudium et spes*. Trata-se do respeito pelo ser humano em sua realidade concreta, que também caracterizava o governo de Inácio de Loyola, e que aflora nas Exortações apostólicas em questão de modo explícito.

Vejamos o que afirmamos na *A alegria do Evangelho*. Primeiramente, recuperando uma característica fundamental do Concílio Vaticano II, a saber, o seu enfoque *pastoral*, o papa descarta a evangelização como a imposição de pacotes doutrinais ou morais por parte das autoridades eclesiásticas "que tentam se impor a força de insistir" (35), espera "que nos mova o medo de nos encerrarmos nas estruturas que nos dão uma falsa proteção, nas normas que nos transformam em juízes implacáveis, nos hábitos em que nos sentimos tranquilos" (49), aponta desequilíbrios no predomínio da administração sobre a pastoral ou da sacramentalização sobre a evangelização (63), deseja que tudo na Igreja se torne "um canal proporcionado mais à evangelização do mundo atual que à autopreservação" (27). Na fidelidade ao relato evangélico sobre as andanças de Jesus na Palestina o Papa

Francisco afirma: "prefiro uma Igreja acidentada, ferida e enlameada por ter saído pelas estradas, a uma Igreja enferma pelo fechamento e a comodidade de se agarrar às próprias seguranças" (49). Com outras palavras, "a intimidade da Igreja com Jesus é uma intimidade itinerante" (23), que "entra na vida diária dos outros", que sente o "cheiro de ovelha" (24). Portanto, uma Igreja que toma a iniciativa, que se envolve, que acompanha, que frutifica e festeja à semelhança do Mestre de Nazaré (24).

Outro ponto destacado pelo Papa Francisco que respeita o ouvinte da Palavra em sua realidade e que constitui também um dos componentes importantes de um discernimento espiritual é o *tempo*, a duração. Já nos atesta isto a própria Bíblia na lenta educação de um povo por Deus em vista de seu desígnio salvífico. A imagem de uma caminhada da Igreja através da história é enfatizada no texto. O ser humano vive sempre numa tensão contínua entre plenitude e limite, entre o horizonte que se abre e o momento presente que nos circunscreve. Ao considerar "o tempo superior ao espaço" (222), o Papa Francisco assume "a tensão entre plenitude e limite, dando prioridade ao tempo", e "dar prioridade ao tempo é ocupar-se *mais* com *iniciar processos do que possuir espaços*", privilegiando "as ações que geram novos dinamismos na sociedade e comprometem outras pessoas e grupos" (223). Assim, na evangelização se deve ter presente o horizonte, e "adotar os processos possíveis e a estrada longa" (225). Subjacente a todas as páginas desse documento está a convicção de que a caminhada eclesial não pode seguir alheia às vicissitudes *concretas* que encontra ao longo do caminho, e, portanto, está sempre necessitada de um discernimento espiritual que lhe proporcione a liberdade do Espírito e a oriente em suas opções.

Considerar seriamente a pessoa humana em sua história concreta, sabendo que também para ela o tempo é um fator importante de amadurecimento e de crescimento espiritual, implica uma visão dinâmica da vida cristã, como Paulo a apresentava às suas comunidades como "um caminho de crescimento no amor" (161). Nas palavras de Francisco: "Deus convida sempre a dar um passo a mais, mas não exige uma resposta completa, se ainda não percorremos o caminho que a torna possível", mas quer "que estejamos dispostos a continuar a crescer, e peçamos a ele o que ainda não podemos conseguir" (153). Consequentemente, na iniciação mistagógica deve ser respeitada "a necessária progressividade da experiência formativa na qual intervém toda a comunidade" (166). E no processo de acompanhamento espiritual se impõe um "modo de proceder onde reinem a prudência, a capacidade de compreensão, a arte de esperar, a docilidade ao Espírito", para que sejam identificadas e enfraquecidas as "inclinações contrárias" que persistem, condicionamentos que dificultam o exercício das virtudes. Daí urge "dar tempo ao tempo" e considerar como São Pedro Fabro que o tempo é o mensageiro de Deus (171).

Respeitar o tempo de maturação espiritual condiz diretamente com um Deus cuja *misericórdia* é infinita e que deveria aparecer mais no rosto da Igreja. Como nos ensina uma citação de Santo Tomás de Aquino presente no documento: "é próprio de Deus usar de misericórdia e é, sobretudo nisto, que se manifesta a sua onipotência" (37). Nesse sentido o papa cita um texto do *Catecismo da Igreja Católica* (n. 1735): "A imputabilidade e a responsabilidade de um ato podem ser diminuídas, e até anuladas, pela ignorância, inadvertência, violência, medo, hábitos, afeições desordenadas e outros fatores psíquicos ou sociais" (44). E conclui: "portanto, sem diminuir o valor do ideal evangélico, é preciso acompanhar, com misericórdia e paciência, as possíveis etapas de crescimento das pessoas, que se vão construindo dia após dia". Consequentemente, "o confessionário não deve ser uma câmara de tortura, mas o lugar da misericórdia do Senhor" (44).

A preocupação em evitar juízos universais sem ter em conta a situação real das pessoas volta claramente na Exortação apostólica *A alegria do Amor*. Ao afirmar ser o caminho de Jesus o da misericórdia e o da integração, o papa declara que "é preciso evitar juízos que não levam em consideração a complexidade das diversas situações e é necessário prestar atenção ao modo como as pessoas vivem e sofrem por causa de sua condição" (296). Dessa forma, ao abordar as assim chamadas "situações irregulares" na vida matrimonial, Francisco indica primeiramente o "diálogo pastoral" em vista de um melhor conhecimento das mesmas (293), que possibilite também "lhes revelar a pedagogia divina da graça em suas vidas e ajudá-las a alcançar a plenitude do desígnio que Deus tem para elas" (297). Pois a ausência do matrimônio religioso pode ser atribuída a diferentes causas, culturais ou econômicas, que devem ser acolhidas e acompanhadas "com paciência e delicadeza" (294). O papa assume a chamada "lei da gradualidade" proposta por João Paulo II, ao reconhecer que o ser humano conhece e vive sua vida moral passando por diversas etapas de compreensão e de capacidade de realizar o que pede as exigências objetivas da lei (295).

O papa cita casos de divorciados em segunda união que se encontram em situações muito diferentes, seja por não poderem mais voltar atrás sem graves consequências, seja por estarem convencidos em consciência da nulidade do primeiro casamento, situações que nada tem a ver com casos de separações repetidas (298). Daí reconhecer que "o grau de responsabilidade não é igual em todos os casos" (300). Portanto, "já não é possível dizer que todos os que estão em uma situação chamada 'irregular' vivem em estado de pecado mortal, privados da graça santificante" (301). Observa ainda que o *Catecismo da Igreja Católica* afirma que "a imputabilidade e responsabilidade de um ato podem ser diminuídas e até anuladas, pela ignorância, a inadvertência, a violência, o medo, os hábitos, as afeições desordenadas e outros fatores psíquicos e sociais" (302). E termina afirmando que, devido aos condicionamentos presentes, uma pessoa pode estar numa situação objetiva de pecado, mas vivendo na graça de Deus, podendo assim crescer na vida de caridade, recebendo para isso a ajuda da Igreja (305). Toda esta argumentação não significa cair num laxismo ou num relativismo moral, pois "a compreensão pelas situações excepcionais não implica jamais esconder a luz do ideal mais pleno, nem propor menos do que Jesus oferece ao ser humano" (307).

Em todas estas linhas esteve presente e atuante a atenção do papa ao ser humano em seu contexto vital bem concreto, bem como à necessidade de um autêntico discernimento pastoral em cada caso. Aqui se comprova ser Francisco um autêntico herdeiro de Santo Inácio de Loyola, seu mestre espiritual!

CONCLUSÃO

Certamente não esgotamos toda a riqueza presente na reforma empreendida pelo Papa Francisco. Algumas questões importantes já podem ser captadas em seus pronunciamentos, explicitamente mencionadas ou brevemente aludidas, como maior participação de todos no governo da Igreja, outra formação do clero mais condizente com a sociedade atual, um reconhecimento maior da mulher na Igreja, uma liturgia mais próxima à vida de seus participantes, uma Igreja mais inclusiva em relação às demais Igrejas cristãs, às outras religiões, aos sem-religião e a todos os que lutam por uma humanidade mais fraterna e justa, uma ética que enfatize a maior gravidade dos pecados que geram injustiças sociais, fome, guerras assassinas, marginalização, enfim uma Igreja que cultive mais a sobriedade em todos os seus escalões com uma hierarquia consciente de ser instância de serviço e não de poder.

Importante aqui é saber que tais reformas não são frutos de medidas arbitrárias ou pessoais desse papa. Pois vivemos, e já temos suficiente consciência desse fato, uma mudança de época na história da humanidade, sem dúvida mais acelerada do que gostaríamos, a qual acaba por repercutir no interior da própria Igreja. E que exige dela que, sem perder sua identidade, corresponda à sua missão de proclamar e testemunhar para seus contemporâneos a mensagem evangélica, presente nas palavras e nas ações de Jesus Cristo. Sua história de mais de dois mil anos demonstra como ela soube se configurar à realidade sociocultural das diversas gerações. Entretanto, no imaginário católico de muitos persiste ainda a Igreja do tempo da cristandade, no qual ela era a instância reguladora hegemônica na sociedade gozando do correspondente prestígio e poder. Daí certa visão pessimista e crítica das mudanças em curso.

Mas os fatos aí estão. Vivemos hoje numa sociedade pluralista, tolerante, secularizada, democrática que, por si só, já constitui um desafio para uma Igreja ainda demasiadamente hierarquizada e vertical, apesar de toda a renovação trazida pelo Concílio Vaticano II. Em alguns países da Europa constata-se uma indiferença religiosa, uma ausência de Deus na vida das pessoas, sem que tal fato constitua um problema. Esta situação se vê agravada por uma cultura que incita ao consumismo e promove o individualismo, enfraquecendo as relações humanas e a própria convivência social. Além disso, uma sociedade dominada pelo fator econômico como nunca antes se dera em toda sua história, desvaloriza o próprio ser humano sempre que esteja em jogo uma maior produtividade e lucro. A vida humana vale cada vez menos e se torna mesmo para alguns uma mercadoria como outras.

O objetivo da reforma eclesial de Francisco é resgatar o projeto do Reino de Deus pelo qual Jesus Cristo lutou e deu sua vida. Aceitar a soberania de Deus na própria vida é colaborar no projeto original de Deus para a humanidade, a saber, fazer de todos, homens e mulheres, uma só família vivendo na fraternidade e na paz. Portanto, como Jesus de Nazaré, fazer o bem, diminuir o sofrimento humano, promover o perdão mútuo, a reconciliação, a convivência social, a justiça e a paz, propagar o sentido da vida, a esperança cristã, a experiência gratificante de ajudar os outros, numa palavra, viver realmente o núcleo da fé cristã, a saber, "amar a Deus no amor efetivo ao próximo" (Mt 25,31-40). Tenhamos presente que tudo o que a Igreja nos oferece em doutrinas, celebrações, normas morais, práticas religiosas, testemunhos de vida, só tem sentido enquanto nos fazem viver, de fato, a caridade: são meios, não fins. Pois a fé cristã, devidamente entendida e vivida, sempre nos leva ao autenticamente humano, já que esse último se manifestou plenamente na pessoa de Jesus Cristo conforme nos ensina o Concílio Vaticano II (*GS 22*).

Consequentemente nossa contribuição à reforma de Francisco não pode consistir apenas em aplausos e entusiasmos, mas exige de nós repensarmos nossa mentalidade e nossas práticas como católicos, pois de nada adiantarão mudanças estruturais se não nos transformarmos interiormente numa conversão efetiva, embora sempre em processo, de nossa existência cristã. Pois nela talvez encontremos concepções, práticas, hábitos herdados do passado que não resistem a um confronto com o Evangelho. Afinal, a que Deus nós invocamos? Estruturamos realmente nossa existência pelo que foi mais marcante na vida de Jesus Cristo? Temos consciência de que vivemos continuamente iluminados e fortalecidos pelo Espírito Santo agindo em nosso interior? Experimentamos pessoalmente a fé como uma opção livre, como um ato de confiança no mistério que chamamos de Deus? Sentimo-nos diferentes na atual sociedade pelo fato de sermos cristãos? Somos incomodados e sofremos também com os sofrimentos alheios? Sabemos ver nos necessitados e carentes seres humanos chamados à vida por Deus, de igual dignidade como nós? Resistimos de fato à pressão do individualismo reinante na atual cultura? Contribuímos, movidos pela nossa fé e dentro de nossas possibilidades, para humanizar mais a sociedade? Conseguimos suplantar um catolicismo limitado a práticas e devoções que não perturbam nossa vida familiar, profissional e social?

Sem dúvida, caminhamos para uma Igreja mais simples, mais despojada, mais frágil, menos poderosa, menos imponente, menos glorificada. Uma Igreja mais parecida com a dos primeiros cristãos, menos numerosa, porém com membros mais autênticos, com testemunhas vivas do Evangelho, que deixam mais eficazmente transparecer em suas vidas a força de Deus que os anima, a pessoa de Cristo que plasma suas biografias, a esperança de uma existência plenamente feliz em Deus que já tem seu início, embora imperfeito devido à condição humana, na história da humanidade.

O papa nos pede que saibamos ousar, acolher o novo, confiar no Espírito Santo, nos desinstalar de nossas rotinas. Naturalmente só poderemos aí chegar pela força que vem de Deus. Daqui a importância de saber "experimentar" esta proximidade do Deus revelado por Jesus, Deus de amor e misericórdia. Daqui também o cultivo da dimensão mística de nossa fé no silêncio, na oração, no perscrutar contínuo da presença ativa de Deus em nosso cotidiano.

A reforma de Francisco não é só dele, pois nos convida a vivermos com maior profundidade e autenticidade o que professamos. E ele conta não somente com nossas orações, mas também com nossa ajuda. Todos nós somos Igreja, portanto, todos nós estamos comprometidos com a missão de anunciar a mensagem do Evangelho. A missão de Francisco é também nossa missão.

Impresso na gráfica da
Pia Sociedade Filhas de São Paulo
Via Raposo Tavares, km 19,145
05577-300 - São Paulo, SP - Brasil - 2018